Michael Drews **Hausarzt Dr. Drews**

HENNING BERLIN

Mit freundlicher Empfehlung

HENNING BERLIN GMBH
1000 Berlin 42

Michael Drews

Hausarzt Dr. Drews

Triviales, Traumatisches
und Therapeutisches
aus dem ganz normalen Alltag

Verlag Medical Tribune

Impressum

6200 Wiesbaden, Rheinstraße 19
Lektorat: Helge K. Braun
Gestaltung: Heidi Herrmann, Hermann Schader
Satz und Druck: E. C. Baumann KG, Kulmbach
ISBN 3-922264-18-2

Inhalt

Vorwort

Er macht es sich ja nicht leicht, der Hausarzt Dr. med. Michael Drews in seinem kleinen Mölln (notabene der Heimatstadt eines gewissen Till Eulenspiegel) im Norden unserer Republik. Er nimmt ihn ungeheuer ernst, den Praxisalltag – aber sich selbst manchmal nicht so sehr. Und er macht kein Hehl daraus. Was andere zähneknirschend gerade noch denken, schreibt unser Hausarzt nieder. Nicht um seine Selbstheilungskräfte zu mobilisieren, sondern um den lieben Kolleginnen und Kollegen draußen im Lande eine Freude zu machen. Seit Jahren sind seine Kolumnen die beliebtesten und meistgelesenen in der Medical Tribune. Das Echo kam reichlich. Tenor: „Genauso finde ich das auch ..."

Natürlich schreibt er sich und seinen Kollegen so manchen Ärger von der Seele – womit dieses zusammenfassende Buch eine therapeutische Qualität erhält. Aber er ist wahrhaftig kein Griesgram, der sich selbst bemitleidet, er teilt seine Freuden mit ebenso verschmitzten Worten mit wie seine kleinen Mißbefindlichkeiten.

Der Verlag Medical Tribune kommt mit dieser Sammlung von Dr. Drews' Kolumnen einem oft geäußerten Wunsch der Leser nach und wünscht allen Kolleginnen und Kollegen eine erbauliche Lektüre.

Nein sagen können

Wie egoistisch darf ein Hausarzt sein?

Wenn ich einmal die letzten Berufsjahre als niedergelassener Arzt gedanklich Revue passieren lasse, dann muß ich persönlich jedoch manchmal zu meinem eigenen Erstaunen und mit einem Hauch von schlechtem Gewissen feststellen, daß im Laufe der Berufsjahre doch mein ursprüngliches Engagement gewissen Verschleiß- und Ermüdungserscheinungen unterlegen ist. Wie egoistisch darf eigentlich ein prinzipiell durchaus williger und bemühter Hausarzt sein?

Ein Beispiel: Alkoholiker zählen wohl nicht unbedingt zum „bequemen" und leicht zu führenden Teil der Patientenklientel. Und obwohl ich trotz der vielen vorprogrammierten und einkalkulierten Rückschläge meinen alkoholabhängigen Patienten mit allen therapeutischen Hilfen zur Verfügung stehe, habe ich im Laufe der Jahre doch einen festen Grundsatz in die Praxis umgesetzt: Nächtliche Behandlung von Alkoholikern gibt es (von Notfällen natürlich abgesehen) bei mir nicht mehr!

Nachdem ich in den ersten Jahren als niedergelassener Arzt wegen meines Engagements in den Selbsthilfegruppen wie etwa den Anonymen Alkoholikern den

Ruf hatte, ein ausgesprochen „alkoholverständiger" Arzt zu sein, wurde ich im Durchschnitt zwei- bis dreimal pro Woche telefonisch aus dem Bett geklingelt, wenn wieder einmal ein Alkoholiker rückfällig geworden war und ihn nach entsprechendem Zechgelage um zwei Uhr nachts das heulende Elend überkam.

Wie der folgende Sprechstundentag nach solchen regelmäßigen nächtlichen Störungen aussah, wird jeder Kollege nachvollziehen können. (Daß auch die eigene Familie in erheblichem Maße darunter litt, Woche für Woche von Betrunkenen aus dem Schlaf gerissen zu werden, sei noch hinzugefügt.) Mittlerweile bin ich in dieser Frage hart und kompromißlos. Ich würde selbstverständlich klaglos auch dreimal pro Nacht zu einem „unklaren Bauch" fahren, nächtliche Therapieversuche an alkoholisiert lallenden Patienten lehne ich prinzipiell ab. (Im Zweifelsfall oder bei Suizidgefährdung würde ich natürlich trotzdem fahren.) Seitdem meine Alkoholiker diese meine Einstellung kennen, habe ich eigenartigerweise – obwohl die Zahl der Alkoholiker nicht geringer geworden ist – nachts Ruhe.

Oder ein anderes Beispiel: In meiner Nachbarschaft wohnen viele junge Familien mit Kleinkindern, für die ich nicht nur Nachbar, sondern auch Hausarzt bin. Da kleine Kinder aus mir unerklärlichen Gründen sehr oft zum Wochenende krank werden, habe ich diesen Familien gesagt, daß sie mich bei akuten Erkrankungen selbstverständlich auch am Wochenende stören dürfen. Dies ist sicher eine Beruhigung für Familien, da sie bei Erkrankungen am Wochenende *ihren* Hausarzt und nicht einen fremden Notarzt konsultieren müssen. Die

Folge war, daß plötzlich an den Wochenenden wildfremde Menschen auf meinem Grundstück erschienen, die ebenfalls von der zufälligen Nachbarschaft eines niedergelassenen Arztes zu ihrer eigenen Bequemlichkeit profitieren wollten. Da sitze ich dann an einem schönen warmen, sonnigen Sonntagnachmittag in legerer Freizeitkleidung beim gemeinsamen Kaffeetrinken mit der Familie auf der Terrasse. (Wann hat man in Norddeutschland schon einmal Sonne, zumal noch am Wochenende, und wann hat man schon als Vater von heranwachsenden Kindern das Glück, diese stets durch die Gegend schwirrenden Wesen einmal gemeinsam am Tisch zu sehen?) Plötzlich bricht eine Schar von völlig unbekannten Personen in die friedliche Sonntagsruhe: „An sich sind wir Patienten von Dr. X., doch der ist am Sonntag ja nicht erreichbar. Mein Mann hat einen Hexenschuß, den Notdienst mögen wir nicht, können Sie nicht mal schnell vorbeikommen, wo Sie doch gerade hier sind?" Ich könnte wohl – ich will jedoch nicht!

Ich erklärte den Fremden höflich, daß ich (ausgenommen bei Notfällen oder akuten Erkrankungen selbstverständlich) angesichts eines gutfunktionierenden und speziell für die Wochenenden eingerichteten Notdienstes für mich keinerlei Veranlassung sehe, die Patienten eines anderen Kollegen zu behandeln. Während sie voller Empörung und von „unterlassener Hilfeleistung" und „Anzeige bei der Ärztekammer" murmelnd das Grundstück verlassen, schlägt doch das eigene schlechte Gewissen. Darf ein Arzt so egoistisch denken?

Ich ertappe mich in den letzten Jahren doch dabei, daß ich – auch auf die Gefahr einer direkten Patientenkonfrontation hin – in zunehmendem Maße mein bißchen Privatsphäre und Freizeit gegen Patienten verteidige, die offenbar der Ansicht sind, der Arzt als Institution gehöre ihnen mit Haut und Haaren und sei jederzeit auch bei banalen Belanglosigkeiten verfügbar.

Haben nicht neben den Patienten auch Ehefrau und eigene Kinder das Recht, ab und an den Familienvater ein paar Minuten ohne Störung zur Verfügung zu haben? Habe nicht auch ich neben meiner Verpflichtung den Patienten gegenüber die Pflicht, für meine Familie dazusein und durch entsprechende Entspannung und Wochenendfreizeit meine Gesundheit und Arbeitskraft zum Wohle meiner Familie und der vielen disziplinierten Patienten zu erhalten?

Ich kann mich nicht daran erinnern, daß im hippokratischen Eid für Ärzte in irgendeiner Form geschrieben steht, daß man als guter Arzt auch den letzten kleinen verbliebenen Rest an Privatsphäre und letztlich auch die eigene Gesundheit einigen wenigen undisziplinierten, gedanken- oder rücksichtslosen Patienten opfern muß! Bei Patienten – zur Wahrung eigener Freizeit- und Gesundheitsinteressen – auch einmal „nein" zu sagen – ist das wirklich Egoismus oder letztlich nur eine Art von Selbstschutz, das eigene Leben nicht nur als Arzt, sondern manchmal auch als Mensch, Ehemann, Vater oder schlicht Privatperson zu verbringen?

Urlaub

Können Sie abschalten?

Wenn ich an den bevorstehenden Sommerurlaub denke, überkommen mich stets jedes Jahr aufs neue etwas zwiespältige Gedanken. Hat mir in den davorliegenden Wintermonaten bei Eis, Schnee und rutschigen Überlandfahrten der Gedanke an den gebuchten Sommerurlaub in südlicher Sonne über so manche Winterwidrigkeit des Hausarztdaseins hinweggeholfen, so kommen nun nolens volens bei immer näherrückendem Urlaubsbeginn von Zeit zu Zeit etwas wehmütig gemischte Gefühle.

Die Vorstellung, demnächst plötzlich und von einem Tag auf den anderen die Betreuung all der Patienten, an denen ich als Hausarzt mit meinem „medizinischen Herzeblut" hänge, für volle drei Wochen aus der Hand zu geben, ist doch immer wieder etwas beunruhigend. Zwar ist ein Urlaubsvertreter in der Praxis, um eine kontinuierliche Betreuung vor allem der älteren polymorbiden Patienten zu gewährleisten, doch wird dieser Kollege – selbst besten Willen und volles Engagement voraussetzend – den richtigen Ton treffen und die Patienten in meinem Hausarztsinne weiterbetreuen?

Versuche in den ersten Jahren der Niederlassung, gelegentliche Urlaube im eigenen Wohnhaus zu verbringen, waren rundum frustran und mißlungen. Ein Urlaub im eigenen Haus als Hausarzt mit Landarztfunktion in einer Kleinstadt mit Dorfcharakter ist vom Gesichtspunkt des Erholungseffektes ziemlich sinnlos. Solange ich persönlich anwesend bin, bleibe ich Hausarzt – daran können Urlaub, Wochenenden oder Feiertage wenig ändern.

„Herr Doktor, wir wissen, daß Sie Urlaub haben und es ist uns auch fürchterlich peinlich – aber könnten Sie nicht dennoch ausnahmsweise...?“ Und natürlich kann ich!

„Herr Doktor, ich war bei Ihrem Vertreter, er war sehr nett und meint... Meinen Sie als unser Hausarzt auch...?“ Ich meine auch!

„Herr Doktor, ich weiß, daß Sie einen tüchtigen Vertreter haben, aber nur Sie kennen meine Leiden genau. Tun Sie uns doch den Gefallen...“ Und ich tue!

Seit ein paar Jahren verlasse ich im Urlaub konsequent die Stadt und lege ein paar hundert Kilometer Luftlinie zwischen mich und Praxis, schon um nicht selbst in Versuchung zu geraten, schnell „nach dem Rechten zu sehen“, die eingegangene Praxispost zu durchforsten und im Grunde genommen die „Oberaufsicht“ zu übernehmen. Dennoch – selbst weit entfernt von der Praxis fällt mir im Urlaub das Abschalten schwer. 60 Stunden in der Woche physisch und psychisch mit den Leiden, Wehwehchen und seelischen Nöten der Patienten beschäftigt zu sein und plötzlich nur das tun zu „müssen“, was mir selbst Spaß macht, ist für mich in den ersten Urlaubstagen immer wieder mühsam.

Da ist jene liebgewordene Patientin, zu der man ein besonderes Verhältnis entwickelt hat, da sie vor vielen Jahren eine der ersten Patienten gewesen war, die sich zu dem „neuen Doktor" getraut hatte. In den letzten Wochen wurde sie wegen eines inoperablen Karzinoms täglich ein- bis zweimal besucht, um ihr das Endstadium einigermaßen erträglich zu gestalten. Die Vorstellung, sie im Präfinalstadium „im Stich zu lassen" und sie aller Voraussicht nach bei der Rückkehr aus dem Urlaub nicht mehr vorzufinden – ein schmerzlicher Gedanke, trotz aller Freude auf den eigenen Urlaub. – Was wird wohl aus jenem Patienten werden, der in den letzten Wochen zusehends verfiel und auf keinen Fall ins Krankenhaus wollte? Was wird nach der „Fahnenflucht in den Urlaub" aus jenem unklaren Fieberkind werden, um das ich seit Tagen mit differentialdiagnostischen Überlegungen herumgeschlichen bin, was aus dem in der Nacht zuvor noch eingewiesenen „unklaren Bauch"? Ich denke an den Patienten, der eine Woche nach meinem Urlaubsantritt den für sein weiteres Leben entscheidenden Termin zur Computertomographie hat – wird er beim Urlaubsvertreter den nötigen Trost und Beistand finden, falls sich die maligne Verdachtsdiagnose bestätigt?

Hätte ich den Patienten mit „unklaren Dyskardien" doch lieber noch vor dem eigenen Urlaub zur kardiologischen Spezialdiagnostik schicken sollen – all diese Gedanken schwirren durch den Kopf und lassen sich bei Urlaubsantritt nicht einfach durch einen Knopfdruck abstellen. Und selbst ein paar tausend Kilometer entfernt am Strand von Ibiza in der Sonne vor mich hindösend, zucken plötzlich Gedankenfragmente durch das sonnenbeschienene, im Urlaubsleerlauf arbeitende Gehirn, obwohl jetzt zu Hause in der Praxis, bei Patienten und Personal alles optimal läuft.

Ich beneide alle Kollegen, die bei Urlaubsantritt von einer Stunde auf die andere abschalten und Praxis, Patienten und Alltag vergessen können, um sich uneingeschränkt ihrer wohlverdienten Erholung widmen zu können – doch gibt es die überhaupt...?

Bei erhaltener geistiger Gesundheit

Haben Sie auch solche Macken?

Eine „Neurose" ist laut Lexikondefinition eine „anlage- oder umweltbedingte Neigung, seelische Erlebnisse abnorm zu verarbeiten, so daß funktionelle Störungen bestimmter Chronizität im Bereich der höheren Nerventätigkeit mit psychosomatischen Symptomen entstehen können". (Der Volksmund subsumiert solche Störungen weniger wissenschaftlich, aber plastisch deutlich mit der lakonischen Bezeichnung „Macke".) Wenn ich einmal selbstkritisch meinen Status als niedergelassener Hausarzt analysiere, so muß ich gelegentlich doch feststellen, daß sich bei mir im täglichen Berufsalltag gewisse „pseudoneurotische Verhaltensauffälligkeiten" eingeschlichen haben, die abzustellen oft gar nicht mehr so einfach ist. Wenn ich in den ersten Jahren meiner Niederlassung noch gedacht hatte, daß diese „Eigenheiten" anfängerspezifisch seien und sich schon von alleine im Laufe der Jahre bei zunehmender Sicherheit und Berufsroutine legen würden, so bin ich mir dieser Hoffnung nach nunmehr über sieben Jahren als selbständiger Arzt gar nicht mehr so sicher, sondern habe mich innerlich mehr oder weniger damit abgefunden, daß diese kleinen „Macken" als „berufsspezifische Eigenarten" betrachtet und akzeptiert werden müssen.

Da ist zunächst der „Telefonklingel-Tick". Bei jedem schrillen Klingeln irgendeines wildfremden Telefons läuft in meinem Vegetativum ein bedingter Reflex ab nach dem Schema: Telefonklingeln gleich Patientenanruf gleich potentieller Notfall mit Sofortbesuch; die Folge ist eine reflektorische Tachykardie und ein unstet suchender Blick nach dem nächsterreichbaren Telefon. Es dauert dann etwa ein bis zwei Schrecksekunden, bis die Ratio obsiegt und die Herzfrequenz wieder in normotone Bereiche absinkt. Dabei nützt es wenig, wenn hinterher das zerebrale Bewußtsein kopfschüttelnd signalisiert, daß fünfhundert Kilometer vom Heimatort entfernt in einem wildfremden Hotel anläßlich eines Kongreßbesuches die Möglichkeit einer Hausbesuchanforderung der eigenen Patientenklientel eher unwahrscheinlich ist. Durch ständige telefonische Rufbereitschaft die Woche hindurch ist das Unterbewußtsein derart auf „Telefonklingeln dressiert", daß sich dieser extrapyramidal gespeicherte Reflex in der Freizeit bei mir erst nach einigen Tagen Abstand zum Praxisalltag abstellen läßt. Und selbst in Feierabendlethargie vor dem Fernsehschirm vor mich hindösend, hat sehr oft ein schrilles Telefonklingeln im Fernsehkrimi einen reflektorischen Sprint zum eigenen Telefon zur Folge, bis mich die kummergewöhnte Ehefrau nachsichtig kopfschüttelnd damit beruhigt, das Telefon habe in diesem Fall jenem unermüdlichen Herrn Derrick und nicht mir, dem Hausarzt, gegolten!

Eine andere berufsspezifische „Eigenheit" ist der „syndromanalysierende Medizinerblick". Immer wieder ertappe ich mich dabei, anläßlich eines gemütlichen Freizeit-Stadtbummels wildfremde unschuldige Passanten mit differentialdiagnostisch-analysierendem Blick zu betrachten und sie bestimmten Krankheitsbildern zuzuordnen. Jener Passant mit den geröteten Konjunktiven, dem hochroten rhinophymartigen Gesichtserker und dem leichten Foetor alcoholicus – wie hoch mag wohl seine Gamma-GT sein? Oder jener Spaziergänger mittleren Alters mit allen klinischen Zeichen eines Morbus Bechterew – ob man schon einmal ein HLA-B27-Antigen bestimmt hat? Oder jener hochadipöse, schwitzende Pykniker vor einem Sahnetortenberg – ob der nicht längst von seinem Hausarzt auf Zuckerdiät gesetzt und mit einem Antihypertonikum behandelt wird? – Der während der gesamten Woche differentialdiagnostisch suchende Blick läßt sich auch in der Freizeit nicht einfach per Knopfdruck abschalten. Den Status eines „Seelentraumas" hat bei mir persönlich jedoch jener „Geisterstunden-Tick", der durch Eilbesuche nach Mitternacht ausgelöst wird. Ich weiß bereits beim ersten postmitternächtlichen Klingelzeichen, daß auch nach Durchführung des Besuchs die restliche Nacht unter der Rubrik „therapieresistente Agrypnie" abgeheftet werden und der darauffolgende Arbeitstag folglich unter die Kategorie „Sprechstunde unter erschwerten Arbeitsbedingungen" fallen wird. Sämtliche Versuche, mit Baldriantropfen, Zuckerwasser, heißer Honigmilch oder autogenem Training die adrenalingeschüttelten zerebralen Strukturen flehentlich zu einer weiteren harmonischen Nachtruhe zu bewegen, blieben bisher frustran – und nur die Rücksicht auf die schlafende und für den knallwachen Familienernährer zu dieser Zeit keinerlei Verständnis aufbringende Familie gebietet ein weiteres Verweilen im ehelichen Schlafgemach bis zum erlösenden Morgengrauen.

Die Liste jener kleinen „Eigenheiten“, die der Medizin- und Praxisalltag hervorbringt und die im Familien- und Freizeitverhalten weiterbestehen können, ließe sich weiter fortsetzen.

Für Lösungsvorschläge ebenfalls betroffener Kollegen bin ich jederzeit dankbar. Solange ich jedoch mit diesem Hauch von „pseudoneurotischer Schwäche“ nur das eigene Freizeitverhalten „würze“ und Familie und Umwelt mit meinen „kleinen Macken“ nicht allzusehr belästige, scheint mir eine psychotherapeutische Aufarbeitung noch entbehrlich und aufschiebbar. Es bleibt immerhin die tröstliche Erkenntnis, daß schließlich niemand ohne Fehler und Schwächen ist und daß es manchmal auch ein Zeichen innerer Größe sein kann, sich zu seinen kleinen „Alltagsmacken“ zu bekennen und mit selbigen zu leben. Wie hieß es doch in der Lexikondefinition abschließend: „. . . es ist eine Art seelischer Gleichgewichtsstörung bei erhaltener geistiger Gesundheit!“ Na also!

Urlaubsvertreter

Davon kann ich ein Lied singen

Ein niemals sich erschöpfendes und immer in neuen Variationen sich bietendes Thema aus der unendlichen Geschichte des Praxisalltags soll unter der Rubrik „Urlaubsvertreter" angeschnitten werden. Die Entscheidung, während des eigenen Urlaubs die Praxis nicht einfach zu schließen, sondern durch einen Praxisvertreter betreuen zu lassen, wird sicher weniger durch wirtschaftliche als vielmehr hausärztliche Erwägungen bestimmt. Gerade ältere und polymorbide Patienten nehmen es dankbar an, auch während des Urlaubs des Hausarztes **ihre** Praxis und **ihre** Telefonnummer als Anlaufpunkt für Notfälle zu behalten.

Es bedarf dann nur noch eines kurzen Anrufes beim BPA oder bei der zuständigen KV – und schon hat man eine Liste von vertretungswilligen Kollegen in der Hand. Dann allerdings wird es schwierig!

Die Entscheidung, aus einer langen Liste von anonymen Namen den für die eigene Praxis passenden Urlaubsvertreter herauszufiltern, ist oft vergleichbar mit dem Ausfüllen eines Lottoscheines: man hofft auf einen Haupttreffer, gibt sich auch mit einem Kleingewinn zufrieden – kann jedoch auch eine Niete ziehen. Im schlimmsten Fall muß man nach Rückkehr aus dem Urlaub betroffen feststellen, daß man eine Art russisches Roulette gespielt hat.

Die Rede soll hier nicht von den engagierten und qualifizierten Kollegen sein, die sich zu aller Zufriedenheit bemühten, während des Urlaubs die Praxis im Sinne des Praxisinhabers zu führen – diese Kollegen sind sicher die Regel und in der Mehrzahl. Für alle Zeiten im Gedächtnis festgraben werden sich leider allerdings jene „schwarzen Kollegenschafe", mit denen jeder Berufsstand leben muß.

Mein erster Reinfall dieser Art war ein Kollege aus Süddeutschland, der während meiner Abwesenheit mit seiner Familie in meinem Wohnhaus leben und es dadurch vor ungebetenen Besuchern bewahren sollte. Der Kollege traf pünktlich ein, warf einen anerkennenden und wohlwollenden Blick auf mein zugegeben schönes Haus (dem man von außen nicht ansieht, daß mir davon höchstens die Türklinken und ein paar Dachziegel gehören, der Rest durch meine Hausbank vorfinanziert ist) – und dann erhöhte er lächelnd das lange vorher mündlich vereinbarte Vertreterhonorar um 100,– DM pro Tag. Dies war sechs Stunden vor Abflug meiner Maschine auf die Balearen –; ich kochte innerlich, biß mir in Gedanken vor Wut auf mein Stethoskop – und gab zähneknirschend nach! Mit mulmigem Gefühl in der Magengrube flog ich in Urlaub – nach 14 Tagen fand ich mein Personal nervlich zerstört am Boden vor. Der Kollege hatte mit großem Engagement in der Praxis versucht, mit einem Minimum an Arbeitseinsatz ein Maximum an Freizeit zu erzielen – mit großem Erfolg, auf Kosten meiner Patienten, versteht sich. Als ich nach einem Monat meine private Telefonrechnung zugeschickt bekam, tränten mir die Augen. Der Kollege muß in den 14 Tagen jeden Morgen per Telefon die örtlichen Zeitansagen von Tokio bis New York abgefragt haben. Beim Blick auf die Benzinrechnung der zwei Wochen kam mir der Verdacht, daß in dieser Zeit der gesamte Benzin-Schwarzmarkt der Stadt auf meine Kosten versorgt worden sein mußte. Seit dieser Zeit schließe ich mit meinen Urlaubsvertretern exakte schriftliche Arbeitsverträge!

Mein nächstes Erlebnis hatte ich mit einem Kollegen, der im Status eines Junggesellen ebenfalls mein Haus bewohnen sollte. Vom medizinischen Standpunkt war diese Zeit ein voller Erfolg – nur fanden wir bei der Urlaubsrückkehr unser Haus überschwemmt vor. Die Geschirrspülmaschine hatte offenbar die hausfraulichen Junggesellenfähigkeiten des Kollegen überfordert und sich in Küche und angrenzende teppichbodenausgelegte Stockwerke ergossen. Mein Kampf mit den verschiedenen Versicherungen dauerte zwei Monate – irgendwann war das Haus wieder bewohnbar und diese Urlaubsvertretung abgehakt. Seit dieser Zeit miete ich meinen Urlaubsvertretern für die Zeit ihres Wirkens ein Appartement in Praxisnähe, das eigene Wohnhaus wurde durch eine Alarmanlage gesichert.

Mein letztes Beispiel aus der Chronologie meiner Urlaubsvertreter war ein Kollege, der mich nach einem Vorstellungsgespräch in einer Mischung von Bewunderung und Hochachtung zurückließ. Dieser Kollege gehörte der beneidenswerten Gattung von Ärzten an, die in jedem Teilgebiet der Allgemeinmedizin perfekt sind, die weder an sich noch an irgendwelchen Diagnosen Zweifel haben; kurz, dies war einer jener Roman-Ärzte, die einen sich zwar redlich mühenden, jedoch sich und die eigenen Diagnosen ab und an in Zweifel stellenden Hausarzt wie mich in Minderwertigkeitskomplexe und Depressionen stürzen können.

Patienten sind jedoch sehr viel intelligenter, als dies mancher Stararzt wahrhaben möchte. Nach etwa 8 Tagen war meine blühende Praxis auf etwa 15 Patienten pro Tag geschrumpft – meine Kollegen am Ort wunderten sich über den ungewohnten Zustrom meiner Patienten. Nach zwei Wochen Urlaub mußte ich einen medizinischen Scherbenhaufen aufräumen, der die Urlaubserholung auf den Punkt Null reduzierte.

Die nächste Urlaubsplanung steht vor der Tür. Mein Personal schleicht bereits jetzt mit gesenktem Gesicht durch die Praxis mit der bangen Frage, wen ich ihnen wohl diesmal wieder als Vertreter bieten werde. Einen erwünschten Nebeneffekt bringen solche Urlaubsvertreter nämlich immer mit sich: Nach zwei bis drei Wochen mit einem fremden Chef haben meine Angestellten ihren alten, oft heimlich verfluchten Chef mit all seinen Alltagsmacken, -zicken und -launen wieder lieben- und schätzengelernt!

Freizeit

Schon mal was davon gehört?

Vor ein paar Ewigkeiten gab es einmal eine Zeit, in der ich an einem gewöhnlichen, normalen Wochentag ohne große Vorbereitung einfach so in ein Kino, Theater oder Konzert gehen konnte, wenn ich hierzu Lust oder Neigung verspürte. Diese kleinen harmlosen studentischen Freizeitvergnügen hören schlagartig auf, wenn man sich für den Status eines niedergelassenen Hausarztes mit Vierundzwanzig-Stunden-Rund-um-die-Uhr-Bereitschaft auf dem Lande entschieden hat. Wenn ich manchmal bei Wochenendeinladungen den Erzählungen meiner nichtmedizinischen Freunde und Bekannten oder den Berichten meiner Großstadtkollegen lausche, welches Konzert oder welches Theaterstück diese in den vergangenen Wochen besucht haben, beschleichen mich ein leiser Hauch von Wehmut und die Erkenntnis, daß mein geistig-kultureller Abstieg in die Provinz eines Landarztdaseins endgültig vollzogen ist.

Auf bohrende Fragen nach eigenen kulturellen Betätigungen erfolgt dann oft meine Entschuldigung, daß sich die Mitglieder der Hamburger Staatsoper nur recht selten in meine Kleinstadt verirren und auch Auftritte der Berliner Philharmoniker im Festzelt unseres Ortes anläßlich des Schützenfestes nur sehr selten erfolgen –

diese Bemerkungen lösen bei meinen konzert- und theatererfahrenen Großstadtfreunden meist eine Mischung aus Mitleid und Verständnislosigkeit aus.

Auf weitere Nachforschungen, was meine Frau und ich „denn bloß so die ganze Woche an den Abenden machen", erfolgt dann meist das kleinlaute Eingeständnis, daß ich nach zwölf Stunden Alltag in der Nähe des Telefons vor mich hindämmere und hoffe, selbiges möge nicht klingeln. Auch auf Fragen an meine ehemals musikaktive Ehefrau, was sie denn in den letzten Monaten an Konzerten besucht habe, erfolgt bestenfalls die Nennung der Flötenaufführung der eigenen Tochter anläßlich der Eröffnung des Schulfestes. Dies reicht leider kaum aus, um im Gespräch mit den Großstadtfreunden kulturell mithalten zu können...

Dabei würde im Prinzip eine regelmäßige Teilnahme an kulturellen Veranstaltungen lediglich mit einer halbstündigen Autofahrt in die benachbarten Großstädte verbunden sein. Die abendliche Rufbereitschaft könnte ohne weiteres von einer netten Kollegin in der Nachbarschaft übernommen werden, ein Babysitter ließe sich auch ohne viel Schwierigkeit aus der Patientenklientel rekrutieren. Das einzige wirkliche Hindernis vor Genuß eines Symphoniekonzertes an einem Wochentag besteht in der Notwendigkeit, an jenem bewußten Abend einigermaßen pünktlich aus der Praxis fortzukommen. Und daran scheitert meist das ganze Unternehmen!

Durch irgendein mir bis jetzt immer noch unerklärt gebliebenes Geheimnis scheinen meine Patienten durch ein ortsinternes Kommunikationssystem zu ahnen, daß ich an einem bestimmten Abend für ein paar Stunden das Städtchen verlassen möchte. Nach dem Motto „O Gott, der Doktor ist heute abend nicht erreichbar, wenn ich aber ausgerechnet nun krank werden sollte ...“ bricht in der Regel eine Torschlußpanik aus, die ein überquellendes Wartezimmer zur Abendsprechstunde zur Folge hat und eigene Freizeitpläne für einen ruhigen und gemütlichen Theaterabend von vornherein scheitern läßt.

Und wenn auch der Ischiasnerv bereits seit vierzehn Tagen vor sich hinpiekte, an diesem Nachmittag muß er genau begutachtet werden. Die seit drei Wochen überfällige Jugendschutzuntersuchung muß unbedingt an diesem Tag stattfinden ebenso wie die Lebensversicherungsgutachten und die Besprechung der vor viereinhalb Wochen kontrollierten Blutfettwerte. Wenn sich dann der letzte Patient zu einer Zeit verabschiedet, zu der ich längst mit dem Theateranzug bekleidet, frisch geduscht und „abgefüttert“ auf dem Weg in die Großstadt sein sollte, signalisiert ein kribbelndes Gefühl in der Magengegend, daß ich auf den auf mich zukommenden Kulturstreß an diesem Tag gut und gern verzichten könnte.

Meine von Hektik geprägten Vorbereitungen an solchen geplanten Theaterabenden, mit einer Scheibe Brot in der einen Hand und dem Schlips in der anderen, meinen Phänotypus einem festlichen Abend anzupassen, dürften eher als Slapstick-Einlage in einen Otto-Film passen, als der inneren Einstimmung auf einen Kunstgenuß dienen.

Allein der Gedanke, vom Arbeitstag gestreßt, einen Haufen unerledigter Arbeit zurücklassend, mit schlecht gebundenem Schlips und halbleerem Magen, beim letzten Klingelzeichen in ein halbdunkles Theater zu stolpern, läßt mich solche kulturellen Angänge unter dem Stichwort „Konzertstreß“ und „Theateralptraum“ von vornherein aus dem Wochenalltag verbannen.

Versuche in den ersten Jahren meiner Niederlassung, durch ein festes Theaterabonnement den eigenen geistigen Horizont über Stethoskop und Besuchstasche hinaus (und den der Ehefrau über Kinder, Haushalt und Telefonbereitschaft) erweitert zu halten, endeten in der Regel mit einem derartigen organisatorischen und zeitlichen Fiasko, daß ich sehr bald zur Prophylaxe drohender Magengeschwüre auf abendliche Kulturunternehmungen an Wochentagen freiwillig verzichtete.

Wenn auch der kulturelle Geist meist willig ist, so scheitert er doch in der Regel an dem durch den Sprechstundenalltag ermüdeten Fleisch. Mittlerweile habe ich mich damit abgefunden, daß das Wort „Freizeit“ an Wochentagen bestenfalls in Miniaturschrift in meinem Hausarztdasein erscheint, die kulturelle Komponente meines Lebens bis auf gelegentliche Wochenendunternehmungen weitgehend brachliegt und daß bis zu meinem Ausscheiden aus dem aktiven Praxisleben in etwa fünfundzwanzig Jahren ein mehr oder weniger kulturbanausiger Status festgeschrieben scheint.

Auf Fragen meiner Großstadtfreunde, warum ich mir ein solches Leben ausgesucht habe und ob ich bei sowenig Freizeit und fehlender geistiger Anregung durch regelmäßige Besuche von Konzerten und Theatern nicht mit meinem Schicksal hadere, habe ich am Beginn meiner Hausarzttätigkeit doch ein Weilchen nachdenken müssen. Mittlerweile nicht mehr! Auf meine Entgegnung heute, daß ich mich überhaupt nicht unglücklich fühle, sondern daß mir im Gegenteil mein gewähltes Dasein ausgesprochen viel Spaß macht, da ich mich bei ohnehin fehlender Gelegenheit und Muße auch keinerlei Freizeitzwängen unterworfen sehe, schlagen mir dann stets mitleidig-nachsichtige und ungläubige Blikke meiner freizeit- und kulturverwöhnten City-Freunde entgegen.

Ja, ja, wir Hausärzte mit unserer ständigen Rufbereitschaft müssen wohl wirklich manchmal in den Augen von „Normalbürgern“ als gar wundersam-spleenige Gesellen erscheinen ...

Das ist gut für Ihre Stimmbänder

Hausarzt in einer Kleinstadt

Irgendwie immer auf dem Präsentierteller

Wenn ich so manchmal in den Medizinzeitschriften die Berichte über die bedrückende Arztdichte in den großstädtischen Ballungszentren lese, wo mittlerweile einige Kollegen infolge wachsenden Konkurrenzdruckes am oder sogar unterhalb des Existenzminimums arbeiten müssen – dann komme ich mir machmal wie ein völlig Unbeteiligter vor. Es schleicht sich bei dieser Art von Berichten auch ein Gefühl der Dankbarkeit ein, daß mich das Schicksal aufs „flache Land" in die Provinz in Form einer Kleinstadt geführt hat, in der die materialistisch-finanzielle Welt der Praxen noch leidlich heil und in Ordnung ist.

Dennoch bringt diese Kleinstadtidylle auch Nachteile mit sich, die sich erst im Laufe der Jahre herauskristallisieren. Einer dieser Nachteile eines Hausarztes auf dem Lande, den ich persönlich manchmal schon als etwas störend und belästigend empfinde, ist ein völliger Verlust jeglicher Anonymität in der Freizeit.

Wenn Großstadtkollegen am Wochenende einen Einkaufsbummel durch die Ladenpassagen ihrer Fußgängerzone machen, dann sind sie wirklich nur Normalbürger und Privatleute, die ihren Beruf vergessen und

abschalten können. Das ist bei mir in meiner schönen Kleinstadt völlig anders!

Wenn ich am Samstag vormittag mit meiner Familie durch die Geschäfte der Stadt bummele, bin ich nach wie vor wie im Alltag auf Schritt und Tritt von meinen Patienten umgeben. „Guten Morgen, Herr Doktor, na, Sie sind sicher auch froh, einmal frei zu haben. Übrigens, nächste Woche muß ich einmal zu Ihnen kommen!“ Ich lächle freundlich und versuche mich verzweifelt zu erinnern, wie dieser nette Patient wohl heißen mag. Meine Tochter stößt mich an: „Du, da hinten hat dich jemand gegrüßt!“ Ich winke ebenfalls hinüber. – Am Wurststand steht die „Platzwunde“ in der Schlange vor mir, die ich noch am späten Freitag abend genäht hatte. Wohlgefällig und mit mir zufrieden, betrachte ich mein Werk. „Heute morgen ist meine Tochter endlich fieberfrei!“ freut sich eine Mutter beim Bäcker – ich freue mich mit ihr. „Haben Sie sonst noch einen Wunsch, Herr Doktor?“ Die Verkäuferin in der Lebensmittelabteilung ist meine Patientin ebenso wie der Chef im Getränkemarkt, wo ich ein paar Flaschen Sekt kaufe. „Na, Herr Doktor, gibt es heute abend eine Party bei Ihnen?“ Ich bestätige.

Wenn ich im Urlaub oder in der Freizeit durch die Kleinstadt bummele, habe ich das Gefühl, jedes vorbeikommende Gesicht zu kennen oder zumindest schon einmal gesehen zu haben. Sind es Patienten meiner Praxis? Habe ich das Gesicht im Notarztdienst gesehen, oder sind es nur Eltern der Klassenkameraden meiner Kinder? Während alle vorbeieilenden Passanten sehr wohl zu wissen scheinen, wer ich bin, fällt es mir um-

gekehrt schon etwas schwerer. Der etwas säuerlich blikkende Mann mittleren Alters, den ich freundlich wiedergrüße – mein Gott, wer ist das bloß? Habe ich mit ihm möglicherweise irgendwelchen Ärger gehabt, und ist mein Lächeln hier völlig fehl am Platz? Habe ich ihn möglicherweise sogar aus disziplinarischen Gründen aus der Praxis entfernt und muß er nun meine Freundlichkeit als Hohn und Zynismus empfinden?

Obwohl ich eigentlich unter keinerlei Verfolgungs-Phobien leide, habe ich als Hausarzt in einer Kleinstadt auch in der Freizeit immer das Gefühl, irgendwie auf dem Präsentierteller zu agieren. Und wenn auch diese Art von Patientenzuwendung eine Art persönliche Bestätigung und sogar Ausdruck von Achtung und Anerkennung für die eigene Person und Tätigkeit widerspiegeln mag – dennoch verliere ich nie ganz das Gefühl, meine Freizeit unter den zwar wohlwollenden, aber eben doch immer gegenwärtigen Augen meiner Patienten zu verbringen. Dies macht das berufliche Abschalten in der Freizeit nicht gerade leicht ...

Dabei hätte ich manchmal schon das Bedürfnis, nach einer durch einen Eilbesuch unterbrochenen Nacht einfach so und ohne nach rechts und links zu schauen, von meiner Umwelt unbeobachtet und nur meinen Gedanken nachhängend, still und anonym vor mich hinzutrotten. „Haben Sie mich gestern im Warenhaus gar nicht gesehen, Herr Doktor, Sie sind direkt an mir vorbeigegangen ...?“ Eine leicht vorwurfsvolle Frage am Tage danach ... Wenn ich einmal wirklich ungestört und anonym die Freizeit verbringen möchte, fahre ich mit meiner Familie in die benachbarte Großstadt.

Leben in einer Kleinstadt – dies hat sicher einen besonderen Reiz und hohe Lebensqualität, und im Prinzip bin ich als „Zugereister" mit meinem Kleinstadtdasein auch wirklich zufrieden und ausgesöhnt, möchte auch nie mit einem Kollegen aus der Stadt tauschen. Und dennoch – in der Großstadt geboren, fühle ich mich doch manchmal in meiner Kleinstadtidylle schon etwas eingeengt. Ob andere Kollegen, die durch Schicksal oder Beruf aus der Großstadt aufs Land geführt wurden, dies ähnlich empfinden?

Doch ich muß natürlich zugeben, daß mir diese Art von „kleinen Lebenswidrigkeiten" entschieden lieber ist, als in einer großen Stadt mit breitgefächertem Freizeit- und Kulturangebot sehnlich auf Patienten in der Praxis warten zu müssen...

„So kann ich am Wochenende auch mal Mensch sein"

Nach dem Urlaub

Sind Sie dann auch der ideale Arzt?

Es gibt von Zeit zu Zeit Tage, an denen ich medizinische Bäume ausreißen könnte. Solche Tage beginnen bereits mit einer für mich an sich völlig ungewöhnlichen euphorischen Reaktion auf das morgendliche Weckerklingeln. Statt leiser und kaum unterdrückter Flüche ob der Ungerechtigkeit der Welt schlechthin, die mich zu so nachtschlafender Zeit aus wohlig-kuscheligen Bettgefilden in die kalte, rauhe Arbeitswelt zwingt, und meinem eigenen Schicksal im besonderen, das mir wieder einen hektischen Zwölf- bis Vierzehnstundenarbeitsalltag in der Praxis bescheren wird, ist meine Gedankenwelt an solchen Tagen nur mit friedfertigen Sonnenscheingefühlen ausgestattet. Ein fröhliches Pfeifen synchron zum Surren des Elektrorasierers und nicht ganz stubenreine Lieder aus meiner Bundeswehrzeit unter der Dusche sind meist erster Anlaß für meine Familie, ob dieser ungewohnt fröhlichen Stimmungslage des Familienoberhauptes am frühen Morgen vorsichtig nachzufragen, ob mit mir auch alles in Ordnung sei. Ist es – und wie!

Die drei Stufen zur Praxis erklimme ich in einem Sprung, die automatisch zufallende Praxistür will sich an diesem Morgen gar nicht schnell genug öffnen –

meine Arzthelferinnen sehen mir schon voller Erwartung entgegen. „Guten Morgen, meine Damen, da bin ich wieder!“ Es handelt sich in einem solchen Fall um den ersten Arbeitstag nach dem Urlaub.

Es ist schon erstaunlich, wie drei Wochen Ruhe, Faulenzen, Sonnen und Baden, ein paar tausend Kilometer von der Praxis entfernt, sich als wahrer Jungbrunnen für einen überarbeiteten, gestreßten und überreizten Hausarzt erweisen können. Mit dem physischen, psychischen, zeitlichen und örtlichen Abstand zum Alltag wächst auch wieder die Begeisterung für den Arztberuf und den Status eines selbständigen niedergelassenen Praktikers. Wie hat man sich bloß vor dem Urlaub von so vielen kleinen Alltagswidrigkeiten und -ärgerlichkeiten beeindrucken und unterkriegen lassen? Warum bin ich bloß in den letzten Wochen vor dem Urlaub so gereizt, nervös und unleidlich gewesen? Kaum vorstellbar, daß der gebräunte, ausgeglichene, zufriedene und an diesem Morgen voller Freude an den Arbeitsplatz eilende Praxisinhaber noch vor drei Wochen ein mit sich selbst im Stimmungsclinch liegendes Bündel Streß gewesen ist! An solchen Tagen bin ich immer voller guter Vorsätze, auch in der Zukunft trotz aller Hektik und Alltagsturbulenzen diesen urlaubsgestählten, gelassenen Status präsens zu erhalten.

Ein Brief von der KV, von der mir vom letzten Honorar die ungerechtfertigterweise angesetzten Kosten für eine Grippeschutzimpfung bei Sozialhilfeempfängern und Postbeamten gestrichen werden sollen, kann mir an solchen Tagen voller Hochstimmung nur ein müdes Lächeln abringen. Ich hätte mich ja besser informieren können! – Wenn die Arzthelferinnen vergessen haben, erbrachte Leistungen auf den Krankenschein zu übertragen oder die chirurgischen Instrumente nicht rechtzeitig sterilisiert worden sind – was soll's, jeder Mensch vergißt einmal etwas, es läßt sich schließlich nachholen. – Das Inhalationsgerät ist defekt, ja nun, so ist das nun einmal mit der Technik, schließlich gibt es kluge Leute, die es reparieren können. – Für psychosomatische Beschwerdeschilderungen von Frau M., die noch vor dem Urlaub bei der vierzehnten Wiederholung im Monat ein gewisses kribbelndes Gefühl von Ungeduld hervorgerufen hätten, bin ich heute ein geduldiger und verständnisvoller Zuhörer, und auch die regelmäßig eintreffenden Beschwerden von Herrn Sch., der sich wieder einmal ein kurzes Wortscharmützel mit seiner „Intimfeindin am Praxisempfang" geleistet hat, prallen heute an mir wie an einer Mauer ab. Vergessen ist aller präurlaubsvorhandener Ärger mit KV, Krankenkassen, Kollegen, Versicherungen, Versorgungsämtern, Mitarbeitern und Patienten – an solchen Tagen nach dem Urlaub komme ich dem Bild des idealen Hausarztes schon recht nahe, bin ein guter und stets lobender Chef – und sogar ein ganz leidlich brauchbarer Ehemann und Vater. An solchen Hochstimmungstagen nach dem Urlaub verrichte ich auch neben aller Alltagsarbeit weitere medizinische Großtaten: Ich räume eigenhändig den Arzneimittelschrank auf, sortiere verfallene Medikamente aus, lehne jede Hilfe meiner Arzthelferinnen ab („Nein, lassen Sie nur, ich mach' das schon allein, Sie haben schließlich auch genug zu tun!"), puste spontan in fast vergessener Arbeitswut auch ein paar Stäubchen vom Bücherregal weg – kurz, die Arbeit macht wieder uneingeschränkt Spaß, ich habe wieder „Biß"!

Wenn man doch solche Hausarzt-Sternstunden über das ganze Jahr hinweg konservieren könnte – zum Wohl der Patienten, der Familie und nicht zuletzt zum eigenen. Leider verblaßt nach ein paar Tagen parallel mit der Urlaubsbräune auch diese euphorische Hochstimmung. Die KV kürzt schon wieder irgendeine Leistung, das Inhalationsgerät wird auch nicht repariert zurückgeliefert, der Kasten mit dem sterilen Verbandzeug ist nicht aufgefüllt worden, Frau M. mit ihren psychosomatischen Beschwerden kommt mittlerweile jeden Tag und überschüttet mich mit ihren Nachbarschaftsklatschproblemen, Herr Sch. mit seiner ewigen Nörgelei über Wartezeiten nagt auch wieder allmählich an meiner Toleranzschwelle, und die Wohndiele zu Hause ist durch herumliegendes Spielzeug und sonstige Gebrauchsgegenstände meiner Kinder nur noch im Storchengang zu betreten – der Hausarztalltag hat mich wieder!

Lebenserwartung von Ärzten

Das gibt mir zu denken

Als ich neulich auf einer berufspolitischen Veranstaltung war, fiel im Laufe des Vortrages ganz nebenbei die Bemerkung, daß die Lebenserwartung der niedergelassenen Ärzte statistisch gesehen nur wenig höher als die von Gastwirten und Journalisten sei. Ein Raunen ging durch die Reihen der Kollegen – dann ging man zur weiteren Tagesordnung über!

Und in der Tat – wenn ich ab und zu in den Standesblättern oder in den regionalen Tageszeitungen die schwarzumrandeten Anzeigen von Kollegen mit dem begleitenden Text „plötzlich und unerwartet, aus vollem Schaffen heraus" sehe, dann kommt mir neben aller Betroffenheit nie der Gedanke, daß etwa ich persönlich bei meinem berufsbedingten hektischen und unsteten Lebensstil einmal selbst einen solchen Beitrag zur Statistik leisten könnte.

Wir Ärzte scheinen ohnehin Weltmeister im konsequenten Herunterspielen und systematischen Ignorieren sämtlicher Krankheits- und Warnsymptome des eigenen Körpers zu sein. Dabei muß ich kurz vor Durchstoßen der vierten Lebensdekade in letzter Zeit doch schon hin und wieder verblüfft und ernüchtert feststellen, daß offensichtlich die Lebensjahre im allgemeinen und die als niedergelassener Arzt im besonderen nicht spurlos am eigenen Körper vorübergegangen sind.

Da ist zunächst das Thema „fehlender Schlaf durch nachmitternächtliche Eilbesuche". Noch vor gar nicht so vielen Jahren als Student wäre ein solches Thema nicht einmal Sekunden des Nachdenkens wert gewesen. Wie oft hat man doch als Student nachts zusammengesessen und diskutiert, gefeiert oder gelernt – ich kann mich nicht erinnern, am nächsten Tag dann in meiner körperlichen Verfassung merklich eingeschränkt gewesen zu sein. Zur Not schlief ich am nächsten Morgen eine Stunde länger, ließ auch einmal eine frühe Vorlesung ausfallen – dann war ich wieder fit wie immer.

Das ist heute bei mir anders! Ein voller Sprechstundenvormittag, mit einem merklichen Schlafdefizit begonnen, gehört für mich heute zu den qualvollen Tagen meines Berufes. Das Gefühl, der eigenen Tagesnormalform hinterherzulaufen und das für die Patienten unerläßliche eigene hundertprozentige Konzentrationsvermögen nur durch gelegentliche Pausen und unter Zuhilfenahme von Kaffee oder Tee zu erreichen, zeigt wohl die ersten verschämten Symptome, daß der eigene Körper eben doch keine Maschine ist, sondern vielmehr allmählich altersbedingten Adaptationsmechanismen unterliegt. Ich frage mich manchmal, wie wohl eine solche Sprechstunde aussehen wird, wenn ich zwanzig Jahre älter bin.

Wie verkraften Kollegen im Rentenalter solche Nachtbesuche, wie fühlen sie sich „am Tage danach"? Oder gewöhnt man sich nach vielen Berufsjahren an solche Schlafdefizite und kompensiert sie mühelos durch abgeklärte Routine? Ich hätte vor zehn Jahren noch nicht einmal daran gedacht, daß ich mir später einmal über ausreichenden Schlaf Gedanken machen könnte. Heute nehme ich Einladungen von Freunden und Bekannten an normalen Wochentagen nur dann an, wenn ich sicher sein kann, mich weit vor Mitternacht diskret zurückziehen zu dürfen, ohne als stimmungstötend oder unhöflich zu gelten. Wenn ich früher satirische Schilderungen oder Persiflagen über Ehemänner gehört habe, die abends vor dem Fernsehschirm einschlafen, dann war dies für mich immer der Inbegriff spießiger Verplüschtheit. Heute gibt es leider nach besonders hektischen Praxistagen gemütliche Fernsehabende mit der Ehefrau, bei denen ich nicht einmal wachen Geistes die Tagesschau-Wetterkarte erlebe ... Ich glaube, ich werde doch allmählich „reifer, etablierter, abgeklärter“, oder profaner ausgedrückt: älter!

In diesen Zusammenhang paßt auch die in den letzten Jahren sich mehr und mehr durchsetzende Erfahrung, daß im Gegensatz zur Teenager- und Studentenzeit das eigene Muskel- und Skelettsystem nicht mehr unbeschränkt belastbar ist. Nach drei Dutzend Hausbesuchen (ins Auto steigen, starten, kuppeln, aussteigen, Treppensteigen – ins Auto steigen, starten, kuppeln, aussteigen usw.) macht sich am Abend ein bis dahin unbekanntes leises Ziehen in der Glutäalregion bemerkbar; nach einstündiger Arbeit mit der Motorsäge zwecks Zerkleinern von Kaminholz ist plötzlich die Rotation in der Halswirbelsäule schmerzhaft eingeschränkt; nach flottem Tennismatch „muckt“ plötzlich der laterale Epikondylus. Vielleicht sollte ich doch allmählich Verbindung mit dem zuständigen Versorgungsamt aufnehmen und den vorzeitigen Renteneinstieg planen?

Doch solange man solche kleinen „Verschleißwidrigkeiten" noch eher schmunzelnd zur Kenntnis nehmen kann, wird man wohl den endgültigen Verlust der eigenen jugendlichen Dynamik noch nicht gleich beklagen müssen. Was mich persönlich viel ernster stimmt, ist die anfangs aufgezeigte Statistik. Daß unser Beruf als niedergelassener Arzt physische und psychische Substanz kostet, dürfte wohl niemand bestreiten! Daß die Hektik eines Zwölf-Stunden-Tages, daß hastig heruntergeschlungene Mahlzeiten, daß ein durch Akuterkrankungen und das Telefon aufgezwungener Lebensstil und daß schließlich die durch Eilbesuche und Schlafdefizite sich summierenden Minitraumata nicht unbedingt gesundheitsfördernd und eben leider auch nicht statistisch lebensverlängernd wirken, dürfte jedenfalls unumstritten sein!

Da wir Ärzte jedoch neben unserer Funktion als „Medizininstitution" ja auch noch gelegentlich Individuen mit eigenen Wünschen, Träumen und Verpflichtungen der Familie gegenüber sind, frage ich mich angesichts einer solchen statistisch eingeschränkten Lebenserwartung doch manchmal ketzerisch, ob der durch diesen Beruf verlangte persönliche Einsatz diesen statistischen Preis wert ist...

Gemeinschaftspraxis

Meine Abenteuer mit meinen Partnern

Nachdem ich über vier Jahre lang mit einem Seniorpartner auf einer Art Vater-Sohn-Basis eine ideal funktionierende Gemeinschaftspraxis geführt hatte, gab es für mich eigentlich nie irgendeinen Zweifel, solche Art der Praxisform auch in der Zukunft weiterzuführen. Nun haben die Medizingötter leider vor die Gründung jeder Gemeinschaftspraxis das Suchen nach einem hierfür geeigneten Partner gesetzt. Die Gründung einer solchen Praxis auf Senior-Junior-Basis scheint mir – auch im Hinblick auf eine zeitliche Befristung – nicht allzu schwierig zu sein. Auch eine Neugründung zwischen gleichaltrigen Partnern vom Punkt Null aus scheint mir durchaus machbar. Der Neueinstieg eines gleichaltrigen Partners in eine jedoch bereits bestehende blühende Praxis läßt sehr bald am Planungshorizont dunkle Gewitterwolken aufkommen.

Etwa ein halbes Jahr vor Ausscheiden meines verehrten Seniorpartners in den Ruhestand machte ich mir ernsthafte Gedanken, wen um alles in der Welt ich wohl mir und meinen Patienten als zukünftigen Partner für die Ewigkeit bieten könnte. Ich erinnerte mich eines Studienkollegen, mit dem ich durch alle Höhen und Tiefen des Medizinstudiums samt abschließendem Examen gewatet war. Ich trieb den einstigen Studienfreund nach detektivischer Kleinstarbeit in einem Kreiskrankenhaus in Süddeutschland auf. Da auch er an meinen Plänen interessiert war, verabredeten wir nach vorhergehender nostalgischer Beschwörung vieler Gemeinsamkeiten der Studienzeit einen gemeinsamen 3-Wochen-Urlaub, um in Ruhe alle Vertragseinzelheiten durchzusprechen.

Mein Studienfreund kam in einem „sternenbesetzten" Oberklassewagen vorgefahren, den er sich kurz zuvor im Hinblick auf sein bevorstehendes goldenes Selbständigendasein gekauft hatte. Noch vor Aufnahme irgendwelcher Vertragsverhandlungen hatte er sich drei Tage später bei einem Makler ein Seegrundstück für 150 000 DM reservieren lassen, auf dem später sein bereits als Plan fertiges Wohnhaus (Kosten etwa 600 000 DM) stehen sollte. Bei mir klingelten erste Alarmglöckchen... Mein zukünftiger Partner hatte durch viele Seminare über moderne und optimale Praxisgestaltung und -einrichtung sehr genaue Vorstellungen über seinen zukünftigen Arbeitsplatz. Zunächst einmal sollte noch vor Aufnahme der eigentlichen Arbeit am Patienten eine komplette neue Einrichtung nach modernen Marketing-Erkenntnissen her (natürlich nur vom Besten), ein Ultraschallgerät für 45 000 DM mußte natürlich auch her (wie kann man sonst überhaupt Medizin treiben?) – später sollte dann die gesamte Praxis abgerissen und neu aufgebaut werden. Weniger großzügig ging es dann bei der Festlegung des „ideellen Praxiswerts" zu. Der Einstieg in eine gutgehende, alteingesessene Praxis ist zugegeben nicht gerade billig, garantiert jedoch andererseits vom ersten Tag an ein hohes Einkommen. Als mein Freund aus Studententagen während entwürdigenden Pfennigfeilschens um seine Einstiegssumme beiläufig nach den Möglichkeiten eines Liegeplatzes für ein Segelboot fragte, waren die Alarmglocken nicht mehr abzustellen, die Verhandlungen gescheitert!

Mein zweiter Versuch war ein Kollege, den ich durch Kontaktaufnahme unter einer entsprechenden Rubrik in einer Ärztezeitschrift kennengelernt hatte. Die Vertragsverhandlungen waren kurz und eine reine Formsache – am 1. des Quartals nahmen wir die gemeinsame Arbeit auf. Ich war sicher, vom menschlichen und medizinischen Standpunkt aus den richtigen Partner gefunden zu haben. Mein Partner war schon vom äußeren Erscheinungsbild her das genaue Gegenteil von mir – klein, etwas vollschlank, gemütlich –, für meine Patienten mußte dies eine echte Alternative zu mir emsigen, stets an zwei Kerzenenden flackernden, durch die Praxis wirbelnden Leptosomen sein. Diese Annahme war schlicht falsch! Hatten sich meine Patienten in den letzten Jahren nach jahrzehntelanger Betreuung durch meinen Seniorpartner allmählich an mich gewöhnt, so sah zunächst die Mehrzahl nicht ein, sich schon wieder umgewöhnen zu müssen. Auch mußte ich zu meiner eigenen Überraschung feststellen, daß die eigene Kompromißfähigkeit und Toleranzbereitschaft bei weitem nicht so hoch angesiedelt war, wie ich dies selbst geglaubt hatte. Da sich mein ehemaliger Seniorpartner in den letzten Jahren Schritt für Schritt aus der Praxis zurückgezogen hatte, war ich in eine Chefrolle geschlüpft, die nun wieder abzugeben mir nicht ganz leicht fiel. Auch mein Personal hatte Schwierigkeiten, plötzlich wieder zwei Herren dienen zu müssen.

Mein neuer Partner war, wie bereits gesagt, ein gemütlicher Typ – und so war auch sein Arbeitsstil. Er nahm auf Hausbesuchen gern die ihm angebotenen Kaffeepausen an, er brauchte pro Patient etwa eine halbe Stunde, während sich im überquellenden Wartezimmer grollendes Murren ob der ungewohnt langen Wartezeiten breitmachte. Ich selbst arbeitete, was die Stundenzahlen betraf, mehr als je zuvor, da mir in der Praxis die durch meinen mit den Patienten plaudernden Partner blockierten Räume fehlten.

Als nach einigen Wochen meine ansonsten eher geduldige Ehefrau einmal vorsichtig anmerkte, von der Gründung einer Gemeinschaftspraxis habe sie sich eigentlich gelegentliche Besuche ihres Ehemanns im gemeinsam bewohnten Haus versprochen, waren die Weichen endgültig gestellt. Die Gemeinschaftspraxis wurde in gegenseitigem Einvernehmen aufgelöst, und ein Gefühl unendlicher Erleichterung ließ Zweifel an der Richtigkeit dieser Entscheidung nicht aufkommen. (In diesen Tagen sandte ich häufig Dankgebete zum nächtlichen Sternenhimmel ob meines klugen Steuerberaters und Hausjuristen, die durch „wasserdichte" Verträge eine Auflösung der Gemeinschaftspraxis ohne irgendwelche Komplikationen ermöglicht hatten.)

Vielleicht heißt es ja wirklich, vom Schicksal zuviel Entgegenkommen zu verlangen, wenn man neben der leidlich harmonischen Ehe mit der Mutter der eigenen Kinder eine „zweite perfekte Ehe" mit einem Gemeinschaftspraxispartner und dessen Ehefrau führen möchte …

Ärzte mit 65 pensionieren?

Warum das Blödsinn ist

Wenn ich in den letzten Wochen und Monaten die Diskussion in den Massenmedien und Medizinzeitschriften verfolgt habe, ob man das Problem einer kommenden Ärzteschwemme und fehlender Ausbildungsplätze nicht vielleicht mittels einer „Zwangspensionierung" älterer Kollegen lösen könnte, habe ich mich oft kopfschüttelnd gefragt, welche Motivation wohl hinter einem solchen hirnrissigen Gedankengut stehen könnte? Denn ich kann mir kaum einen anderen Beruf in dieser Gesellschaft vorstellen, in dem persönliche, menschliche und berufliche Erfahrung einen solch hohen Stellenwert hat wie in dem des Arztes.

Am Beginn meiner Tätigkeit als niedergelassener Arzt hatte ich das große und im Nachhinein gar nicht hoch genug einzuschätzende Glück, vier Jahre lang mit einem fast siebzigjährigen Seniorpartner eine Gemeinschaftspraxis zu führen. Was ich in diesen vier Jahren für die Arbeit im Medizinalltag gelernt habe, kann einem weder die beste und bemühteste Universität noch jegliche Ausbildung in einem Krankenhaus vermitteln. Es ist nun einmal gerade in unserem Beruf so, daß man Erfahrung nicht aus Büchern lernen kann, sondern leider oft nur in einem mühseligen und oft auch schmerzlichen und durch eigene Fehler behafteten Entwicklungsprozeß. Wie glücklich kann man sich schätzen, wenn einem ein älterer Kollege ein paar dieser schmerzlichen Fehler durch seine ärztliche Erfahrung abnimmt.

So erinnere ich mich sehr gut an einen Patienten am Beginn meiner Selbständigkeit, der mit diffusen unklaren Oberbauchbeschwerden nach einem opulenten Abendmahl zu mir kam. Da der klinische Befund eher uncharakteristisch war und ich mich zu einer Gallenblasen- oder Pankreasaffektion nicht so recht durchringen konnte, wollte ich den Patienten mit der Diagnose „akute Gastritis" mit einem Metoclopramidpräparat versehen und erst mal abwarten. Ich zog sicherheitshalber meinen Seniorpartner zu Rate – der sagte mir außerhalb des Sprechzimmers: „Herrn M. kenne ich seit zwanzig Jahren. Bei ihm sieht immer alles ganz anders aus als im Lehrbuch. Weisen Sie ihn im Zweifelsfalle lieber ins Krankenhaus ein!" Ich tat es. Die „Gastritis" entpuppte sich im Nachhinein als Herzinfarkt – und ich konnte mich in dieser Patientenfamilie durch meine sofort erkannte richtige Diagnose im unverdienten Glanze eines „Lebensretters" sonnen. Ich hatte dazugelernt – mit Hilfe meines älteren Partners zum Glück nicht auf Kosten des Patienten.

Oder ich denke an eine Patientin mittleren Alters, die mit den Symptomen „Gewichtsverlust, Mattigkeit, Nachtschweiß und Leistungsknick" zu mir kam. Nachdem sämtliche klinischen, laborchemischen, röntgenologischen und endoskopischen Untersuchungen nichts, aber auch nicht das Geringste ergeben hatten und mir dennoch ein okkultes Neoplasma entgegenzuspringen schien, war ich wild entschlossen, die Patientin in die nächstgelegene Universitätsklinik einzuweisen. Dazu mein Partner: „Ach, die Maria... Das ist eine ganz arme Frau! Der Mann trinkt, die im gleichen Haus wohnende Schwiegermutter ist ein... (an dieser Stelle folgte ein nicht druckreifes Wort) – versuchen Sie es doch mal mit einem Antidepressivum." Einen Monat später blühte die Patientin förmlich auf – und ich durfte durch einen Hauch von „Wunderheiler-Image" im Umfeld dieser Patientin mein Selbstbewußtsein streicheln...

Beispiele dieser oder ähnlicher Art gab es manche im Laufe der Jahre. Auf der einen Seite stand ich – vollgestopft mit medizinischem und klinischem Wissen über die neuesten Techniken und Behandlungsweisen –, auf der anderen Seite mein älterer und abgeklärter Kollege, der einfach auf Grund seiner jahrzehntelangen Erfahrung Verdachtsdiagnosen stellte, auf die ich unter gedanklichem Abspulen meiner differentialdiagnostischen Palette manchmal erst auf Umwegen kam. Ich habe nie mitgezählt, wie oft ich diplomatisch gebremst wurde, wenn ich im Überschwang jugendlicher Medizin- und Technikbegeisterung mit Computertomographien und Szintigraphien um mich werfen wollte, wenn ein durch Erfahrung geprägtes ruhiges Abwarten sich im Nachhinein als die bessere Therapie für alle Parteien erwies. (Von den für die Krankenkassen eingesparten Kosten will ich gar nicht reden.)

Wenn also heute davon die Rede ist, ältere Kollegen ab sechzig oder zweiundsechzig bzw. fünfundsechzig Jahren zwangsweise in den Ruhestand zu schicken, dann möchte ich im Sinne einer hochqualifizierten ambulanten Medizin und zum Wohl einer optimalen Patientenbetreuung den (natürlich nicht ernstgemeinten) Gegenvorschlag machen, gerade ältere Kollegen durch gesetzliche Regelung zu „verpflichten“, möglichst lange auf ihren Posten zu verharren, damit sie ausgiebig von ihrem Erfahrungsschatz an jüngere Kollegen weitergeben können. Und da diese älteren Kollegen heute allesamt einer Arztgeneration angehören, in der auch unter materiellen Gesichtspunkten der Einstieg in die ärztliche Praxis damals mit wenig Honorar, aber sehr viel Idealismus verbunden war, bleibt zu hoffen, daß diese älteren Kollegen trotz der heutigen Verhältnisse bei Konkurrenzkampf, Honorareinbußen und permanenter Ärzte-Medienschelte diesem Wunsche entsprechen werden...

Gedämpfte Panik

Wenn der Steuerprüfer kommt ...

Einen etwa fünfzigprozentigen und damit nicht unbedeutenden Anteil an der täglichen Arbeit in meiner Praxis hat jene liebenswerte Institution, die Finanzamt heißt und sich bei all jenen Steuerzahlern uneingeschränkter Beliebtheit erfreut, die sich nicht auf der sozialen Hängematte dieses Staates verträumt schaukeln lassen. Es ist doch immer wieder ein erhebendes Gefühl, wenn ich mir so etwa in der Mitte eines laufenden Quartals vorstelle, daß ich fortan bis zum Quartalsende nicht mehr für mich selbst, sondern für meine Steuern und damit das Allgemeinwohl rackere. Nun bin ich im Prinzip ein braver, ehrlicher und absolut gutgewillter Steuerzahler, dessen Steuererklärung keinerlei schwarze Flecken aufweist! (Diese Bemerkung sei an den Anfang gestellt, falls durch Zufall irgendein Mitarbeiter meines lokalen Finanzamts diese Zeilen zu Gesicht bekommen sollte.) Dennoch gibt es natürlich trotz allen guten Willens manchmal auch in meinen Einkommensteuererklärungen an das Finanzamt gewisse „Ekkigkeiten und wunde Stellen“: Deshalb läßt es sich das Finanzamt auch nicht nehmen, mir von Zeit zu Zeit einen freundlichen Abgesandten ins Haus zu schicken, der mich als niedergelassenen Arzt in meiner vorbildlichen Steuerzahlerhaltung bestärken soll – das Ganze heißt dann offiziell „Betriebsprüfung“ und ist ein Unternehmen, bei dem das Finanzamt stets als mehr oder weniger strahlender Sieger hervorgeht und eigene im stillen gehegte Anschaffungswünsche abrupt auf der Strecke bleiben. Bei einer solchen Betriebsprüfung kommt es zu erheblichen Interessenkonflikten zwischen dem Finanzamt auf der einen Seite, das die Ansicht vertritt, jeder Steuerzahler müsse die nach seinen wirtschaftlichen Verhältnissen höchstmögliche Steuer entrichten, und mir als Steuerpflichtigen auf der anderen Seite, der dies diametral entgegengesetzt sieht!

Ganz generell und fairerweise muß man feststellen, daß Betriebsprüfer an sich freundliche und keineswegs böswillige Menschen sind – dennoch kommt man nicht an der Tatsache vorbei, daß sie einem das hart erwirtschaftete und längst verplante Geld auf legalem Weg wieder aus der Tasche ziehen wollen. Nun mag es sicher Kollegen geben, die dies gelassen sehen und das gesellschaftliche Allgemeinwohl höher als egoistisches Besitzstreben setzen – bei mir scheint in dieser Situation eher ein menschlicher Überlebens-Urinstinkt durchzubrechen und dem Unterbewußtsein zu signalisieren, sich gegen diese an sich legale Absicht des Finanzamts mit allen nur erdenklichen Mitteln zu sträuben.

Die Tage vor einer solchen Betriebsprüfung stehen in meinem Wohnhaus unter dem Motto „Hektik und Chaos“ und sind angefüllt mit dem mühseligen Heraussuchen und Zurechtlegen von Tausenden von Buchungsunterlagen. Dabei steht im Vordergrund aller Bemühungen der oft verzweifelte Versuch, sich mit Hilfe der buchführenden Ehefrau zu erinnern, wie man auf eventuell indiskret-bohrende Fragen des Betriebsprüfers den Verbleib von vor Ewigkeiten offiziell für die Praxis angeschafften Teppichböden, Glühlampen, Toilettenbürsten und Staubtüchern erklären könnte.

Die Tage während der Betriebsprüfung sind durch das Stichwort „gedämpfte Panik" gekennzeichnet. Es herrscht im Haus eine bedrückt-nervöse Grundstimmung vor. Auf vorsichtig tastende Fragen des Praxisinhabers beim Mittagessen, wie „es denn so laufe", kann die Ehefrau nur ratlos schulterzuckend berichten, es lasse sich aus der gleichbleibend höflich-korrekten Haltung des Betriebsprüfers überhaupt nicht ablesen, ob am Ende dieser Steuerprüfung der geballte „Steuernachzahlungs-Hammer" mit Wucht auf den Arzthaushalt einschlägt oder ob es nur ein „Nachzahlungs-Hämmerchen" wird, der dem Familienoberhaupt auf die Fingerspitzen klopft. Ansonsten sind diese Tage gekennzeichnet von dem hektischen Suchen nach Quittungen, Belegen und Bankauszügen, die an sich an ihrem Platz sein sollten, es aber durch irgendwelche unerklärlichen Gründe nicht sind. Dabei läßt sich ein Betriebsprüfer meist nicht auf das Argument ein, daß es doch noch so viele schöne andere Quittungen und Belege gäbe, die sorgfältig abgeheftet seien. – So sind auch Fortbildungsveranstaltungen – zumal noch im Ausland oder in Ferien- oder Skigebieten – ein beliebtes Thema für einen freundlichen Disput zwischen Finanzbeamtem und Praxisinhaber. Ob die Hotels dort wirklich so immens teuer gewesen seien, heißt es dann etwa freundlich zweifelnd. Meine Erwiderung, daß der Gesetzgeber für Besucher von Ärztekongressen das Übernachten in Jugendherbergen nicht zwingend vorschreibe, ist sicher nicht sehr diplomatisch, entspricht jedoch meiner seelischen Stimmungslage an solchen Steuerprüfungstagen. Überhaupt ist die beste Argumentation dem Betriebsprüfer gegenüber ein intensives und konsequentes Schweigen. Seitdem ich – im guten Glauben, durch persönlichen Einsatz Schlimmes verhüten zu können – auf entsprechende Fragen des Prüfers Antworten gab, die meinen Steuerberater an den Rand des Kreislaufkollapses trieben, habe ich strenge Anweisung, mich wie die berühmten chinesischen Affen zu verhalten: nichts sehen, nichts hören, nichts sagen! Nach guter, alter Kriminalfilmmanier pflege ich auf entsprechende Fragen eines Steuerprüfers stereotyp zu antworten: Ohne Gegenwart meines Steuerberaters sage ich kein Wort mehr! Mit dieser empfehlenswerten Taktik fahre ich persönlich am besten, da ich in steuerlichen, finanziellen und wirtschaftlichen Dingen von Sachverstand ziemlich unbeleckt bin und bei entsprechenden Fragen in der Regel in jeden steuerlichen Fettnapf, mit beiden Füßen zugleich, stapfen würde.

Alles Unangenehme im Leben geht zum Glück irgendwann vorüber. Das Ende einer solchen Steuerprüfung läßt mich schließlich immer mit zwei beglückenden Gefühlen zurück: zum einen dem Gedanken an die vielen guten Werke, die mit den durch die Betriebsprüfung zusätzlich erreichten eigenen Steuern dem deutschen Volke zuteil werden können; zum anderen mit dem noch schöneren Gefühl, für die nächstfolgenden Jahre vom Finanzamt, von Betriebsprüfungen und ähnlichen kleinen Teufeleien verschont zu bleiben!

Arzt beim Steuerberater

Kapieren Sie immer alles?

Als ich vor ein paar Jahren den Sprung vom Krankenhausarzt in die Selbständigkeit plante, war ich fest davon überzeugt, daß einzige und alleinige Voraussetzung für den Status eines auch wirtschaftlich erfolgreichen Hausarztes eine gute, solide, umfassende und breitgefächerte medizinische Ausbildung sei. Das ist sicherlich auch richtig! Doch wenn ich nun nach ein paar Jahren der Selbständigkeit mein Berufsleben analysiere, frage ich mich manchmal, ob nicht für eine optimale Bewältigung des Praxisalltags neben dem Medizinstudium ein Zweitstudium in Ökonomik, ein Drittstudium für steuerliche Probleme eines Kleinunternehmers, ein Viertstudium für Verwaltungsfragen und schließlich ein Fünftstudium für medizin-juristische Probleme angebracht gewesen wären.

Doch während mich das eigene Schicksal für die Bewältigung der rein medizinischen Voraussetzungen wohl noch mit genügend zerebraler Speicherkapazität versehen hat, kommt mir bei meinem täglichen Ringen um ein annäherndes Verständnis für steuerliche und finanzielle Fragen manchmal der böse Verdacht, daß mein strapaziertes Gehirn für diese Art von medizinfachfremdem Beiwerk nicht vorgesehen war.

Da gibt es zunächst einmal das weite Gebiet der steuerlichen Belange einer Praxis. Da man auf die Dauer von Idealismus und ärztlichem Ethos allein nicht leben kann, bin ich von Zeit zu Zeit zu nützlichen, aber schwierigen Unterredungen mit meinem Steuerberater gezwungen. Bei solchen Besprechungen mit dem Steuerberater fühle ich mich oft an jene Zeiten erinnert, als meine Tochter sich in der ersten Klasse der Grundschule redlich bemühte, mich, ihren Vater, in die Geheimnisse der Mengenlehre einzuweihen. Während sie damals diesen Versuch nach kurzer Zeit resignierend aufgeben konnte, da ihr „alter und schon etwas verkalkt-vertrottelter Vater" offenbar nicht mehr lernfähig war, versucht sich mein Steuerberater jedesmal aufs neue unverzagt und unverdrossen, mich in die Problematik steuerlicher Fragen meiner Praxis einzuführen.

Und so mühe ich mich dann auch wirklich redlich, die Unterschiede zwischen linearer und degressiver Abschreibung in etwa zu verstehen, kämpfe mühselige geistige Kämpfe um das Verständnis von „Mehrwertsteueroption und 7b-Abschreibung" sowie „Reparatur-" im Gegensatz zu „Unterhaltungsaufwandskosten". Selbst wenn ich einmal einen für steuerliche Belange „guten Tag" erwischt habe und die mir aufgezeigte Problematik in groben Zügen erahnen konnte, so scheine ich offenbar die Fähigkeit zu besitzen, mein Gehirn nach kurzer Zeit von solch „arztfremdem Gedankengut" zu befreien und es komplett aus den zerebralen Speichersynapsen zu streichen.

Wenn ich vielleicht auch leidlich gut eine Gallenkolik diagnostizieren kann – für irgendwelche steuerlichen

Abschreibungskünste fehlen mir jedoch ganz offensichtlich Verständnis und Begabung. So endet meist ein solches Gespräch zwischen Steuerberater und mir als Praxisinhaber mit dem jede Steuerdiskussion beendenden Satz meinerseits: „... und wo soll ich nun unterschreiben?!" Erst bei der handfesten Erstellung meiner Unterschrift unter irgendein geheimnisvoll und unverständlich gebliebenes Einkommenssteuererklärungs-Dokument kommt dann das Gefühl unendlicher Erleichterung zurück, wieder festen Boden unter die eigenen intellektuellen Möglichkeiten bekommen zu haben.

Ein anderes für die Praxis wichtiges Kapitel abseits aller Medizin sei unter dem Stichwort „Finanzierungsfragen" dem Umgang mit Banken und Bankfachleuten gewidmet. Da ich vor ein paar Jahren bei der Übernahme einer großen und gutgehenden Allgemeinpraxis leider nicht in der glücklichen Lage war, sechsstellige Finanzierungssummen von meinem laufenden Girokonto abzurufen, sondern diese vielmehr mittels Kreditaufnahme decken mußte, gehören ab und an bei auslaufenden Kreditverträgen launische Unterhaltungen mit den Vertretern meiner Hausbank zu den abwechslungsreichen Tätigkeiten meines Berufes.

Zwar zeichnen sich die Repräsentanten meiner Bank durch ausgesuchte Höflichkeit und – im Hinblick auf die durch mich noch abzuzahlenden Kreditberge – sogar wirkliche Anteilnahme an meinem leiblichen und seelischen Wohlergehen aus – doch dies macht die Materie als solche nicht verständlicher. Da ist dann von „Disagio", „Nominal- und Effektivzinsen" die Rede, da wird von „Lombard-“ und „Diskontsätzen“ erzählt, da wird mit „Kontokorrent“ und „Bereitstellungszinsen“ sowie „Zwischenfinanzierungsmodalitäten“ jongliert, und es werden schließlich entschuldigend irgendwelche „Dollarsprünge“ angeführt, wenn ich ganz profan frage, warum meine Kreditzinsen so elendiglich hoch seien. Auch solche Bank- und Finanzierungsgespräche vereinfache ich meist mit dem Abschlußsatz: „Also, wieviel muß ich nun pro Monat bezahlen?“ Die dann genannte Summe mag dann vielleicht je nach Höhe ein mehr oder weniger kribbelndes Gefühl in der Rückengegend hervorrufen, auf jeden Fall ist sie für mich intellektuell nachvollziehbar.

Beispiele dieser oder ähnlicher Art für Ausflüge in medizinfachfremde Gebiete im Praxisalltag eines niedergelassenen Arztes lassen sich beliebig fortführen. Dabei hatte ich ursprünglich einmal bei meiner Niederlassung als selbständiger Arzt gedacht, ausschließlich und intensiv Medizin treiben und Patienten behandeln zu wollen – mittlerweile bin ich an sich ganz gegen meinen Willen „Arbeitgeber“ für Steuerberater, Juristen, Wirtschaftsexperten und Bankfachleute.

Es ist schon erstaunlich und manchmal auch fast erschreckend, zu welchen intellektuellen Abschweifungen abseits aller ursprünglichen Medizin ein einfacher Hausarzt gezwungen wird, wenn er neben dem ideellen auch ein wenig materiellen Gewinn für seine Tätigkeit in die Familienspardose einbringen möchte.

Alle paar Wochen

Mein Alptraum – der Wochenend-Notdienst

Alle vier bis sechs Wochen in schöner Regelmäßigkeit wiederkehrender Alptraum eines jeden niedergelassenen Kollegen am Ort ist der Wochenend-Notarztdienst. Beneidenswert all jene Kollegen in Großstädten, wo der Wochenenddienst zentral geregelt und durch Klinikärzte besetzt ist. Bei uns auf dem Lande wird dieser bittere Kelch in alphabetischer Reihenfolge von Kollege zu Kollege weitergereicht. Dabei habe ich im Prinzip gar nichts gegen den Notdienst, im Gegenteil, ist doch die Betreuung von Akutkranken in der Notfallmedizin eine befriedigende, den Arzt immer wieder neu fordernde Tätigkeit – wenn, ja wenn dieser Notdienst seinen Namen verdienen würde.

Sämtliche Aufrufe in den lokalen Zeitungen, den Notarzt am Wochenende auch wirklich nur in Notfällen herbeizubeordern, waren bisher kaum die Zeit und Mühe wert, die das Formulieren eines solchen Appells an die Vernunft und Einsicht erforderten. So ist der Notarzt am Wochenende bei einem großen Teil der Bevölkerung immer noch der „Hausarzt für das Wochenende" – in Extremfällen ein gutbezahlter Laufbursche für ein verwöhntes, in Anspruchsdenken schwelgendes Versichertenheer. Ich beneide meine älteren Kollegen um die Ruhe und Abgeklärtheit, mit denen der Notdienstärger an ihnen abprallt, spiele ich doch bei jedem Wochenenddienst im Schnitt drei- bis viermal „HB-Männchen“...

Es ist Samstagmorgen kurz nach sieben Uhr – das grelle Klingeln des Telefons verscheucht schlagartig alle Wünsche nach ein paar Minuten kuscheliger Schlafidylle. Die vergangene Nacht wurde bereits durch zwei Eilbesuche der eigenen Patientenklientel unterbrochen, der 12-Stunden-Alltag des Freitags steckt noch in den Knochen – 24 Stunden Notarztdienst stehen bevor.

Da ist eine junge Frau, die nach durchkoitierter Nacht die Pille vergessen hat und auf der Stelle eine „Verhütungsspritze“ wünscht, eine Ausnahme, sicherlich, doch zum ersten Mal an diesem Morgen meldet sich ein kribbelndes Gefühl in der Magengegend... Da kommen die Anrufe der stadtbekannten Alkohol- und Tablettensüchtigen, die unter Abspielen einer bühnenreifen Leidensshow versuchen, über den Notarzt an Medikamente zu gelangen.

„Ich habe seit einer Woche Schmerzen im Knie, bei meinem Hausarzt muß ich immer so lange warten...“ oder „Gestern war mein Hausarzt auch hier; er meint, meine Tochter habe Masern, wir wollten das sicherheitshalber einmal durch einen zweiten Arzt kontrollieren lassen...“

Kurz nach Mittag werde ich in ein kleines Dorf gerufen, in dem es „jemand mit dem Herzen hat“. Der Herzkranke entpuppt sich als rüstiger Rentner, dem die

Herztabletten ausgegangen sind. Statt einer Erklärung, warum er sich seine lebenswichtigen Medikamente nicht rechtzeitig beim Hausarzt besorgt habe, muß ich mir einen Vortrag über meine ärztlichen Pflichten anhören, der in dem Satz gipfelt, schließlich habe er ja 43 Jahre lang Krankenkassenbeiträge entrichtet und damit wohl Anspruch auf ärztliche Hilfe...

„Herr Doktor, kommen Sie schnell, mein Kind hat hohes Fieber!" Meine Frage nach der Höhe des Fiebers hat auf der anderen Telefonseite beredtes Schweigen zur Folge. „Also, so direkt Fieber gemessen haben wir nicht, unser Thermometer ist nämlich kaputt, aber das Kind fühlt sich sehr heiß an..."

Wohin sind wir in unserer Anspruchshaltung an den Arzt bloß gekommen, daß man für ein leicht fieberndes Kind mit Husten und Schnupfen sofort den Notarzt herbeizitiert. Die altbewährten Wadenwickel, mit denen unsere Vorfahren ganze Generationen von fiebernden Kindern bestens kurierten, scheinen in unserer Zeit hochtechnisierter Medizin den Versicherten nicht mehr zu genügen – zumindest muß der Notarzt her...

Sehr apart in diesem Zusammenhang sind auch immer wieder Anrufe besorgter Eltern wie etwa dieser: „Herr Doktor, Sie waren doch vorhin bei uns und haben meinem Sohn Penizillin für seine Mandelentzündung verschrieben – das hat überhaupt nicht geholfen, er hat immer noch Fieber und Schluckbeschwerden!"

Mittlerweile ist es Abend geworden, das Kreisgebiet wurde etliche Male durchfahren – das Telefon klingelt mit schöner Regelmäßigkeit weiter und läßt Gedanken an Ruhepausen gar nicht erst aufkommen. Kurz vor Mitternacht ein erster frustraner Schlafversuch, dem in der Nacht noch zwei weitere folgen werden. Am Sonntagmorgen um 7 Uhr ist der Dienst geschafft – der Notarzt auch!

Um nicht mißverstanden zu werden, dies soll keine Klage sein! Es gibt manchmal ruhigere Wochenenddienste, und die Mehrzahl der Patienten ist dankbar für die Hilfe, die ihnen durch den Arzt zuteil wurde. Es sind die oben aufgeführten, leider nicht seltenen Fälle, die einem das Leben schwermachen und im Gedächtnis haftenbleiben.

Beim Lesen der Sonntagszeitung fällt der übernächtigte Blick auf eine Notiz, daß die Honorare der „millionenscheffelnden" niedergelassenen Ärzte eingefroren werden sollten – und schon steht einem weiteren harmonischen Sonntag nichts mehr im Wege...

Überweisung zum Facharzt

Kennen Sie das „Patienten-Pingpong"?

Eine der wichtigsten Voraussetzungen für eine optimale Patientenbetreuung ist meiner Ansicht nach die Fähigkeit des Hausarztes, seine eigenen medizinischen Grenzen zu kennen und diese nicht überschreiten zu wollen. Aus dieser Erkenntnis leitet sich die logische Folgerung ab, bei unklaren Krankheitsbildern nach Ausschöpfen aller „hausärztlichen Bordmittel" den Patienten schließlich zum Facharzt weiterzuleiten.

Nun muß man wohl gerechterweise feststellen, daß das Verhältnis von Allgemeinärzten und Praktikern zu Fachärzten manchmal doch wohl nicht ganz frei von unbewußt-subkortikal vorhandenen Konkurrenzgefühlen um Originalschein- und Honoraranteile ist. Dabei gibt es besonders ein „Spielchen", das mich in den ersten Monaten meiner Zulassung auf die hausärztliche Palme bringen konnte: das „Patienten-Pingpongspiel" unter Fachärzten.

Hierzu ein Beispiel: Ein Patient mit dem Symptom „Kopfschmerz und Schwindel" will sich trotz aller eigenen Bemühungen nicht so recht in ein diagnostisch-therapeutisches Schema pressen lassen. Da die beklagten Beschwerden möglicherweise auch vertebragen bedingt sein können, schicke ich ihn mit einem Überweisungsschein zwecks „Konsiliaruntersuchung" zum Orthopäden. Meine hiermit verbundene Absicht, spätestens nach einer Woche zu wissen, ob es sich nun wirklich um ein orthopädisches Leiden handelt, erweist sich als trügerisch. Der Patient kommt zunächst überhaupt nicht wieder! Statt dessen flattern mir über diesen Patienten in den folgenden Wochen bündelweise verschiedene Facharztberichte mit differentialdiagnostischen Überlegungen auf den Schreibtisch, zusätzlich Röntgen-, Tomographie-, Szintigraphie- und Sonographiebefunde – alle nachrichtlich an mich, den Hausarzt, adressiert. Die Rekonstruktion dieser Patienten-Odyssee ergibt dann später etwa folgenden Ablauf: Der Orthopäde ist sich seiner Diagnose auch nicht so ganz sicher und leitet den Patienten zum HNO-Arzt weiter, dieser schickt den Patienten zur abrundenden Diagnostik zum Augenarzt. Dann wechselt das Quartal, und aus dem ursprünglich einen Überweisungsschein zur Konsiliaruntersuchung werden mehrere fachärztlich angeforderte Überweisungsscheine zur Mitbehandlung. Und anläßlich einer gründlichen Untersuchung finden sich als Nebenprodukt mit Sicherheit zumindest irgendwelche im kommenden Quartal kontrollbedürftigen Befunde.

Manchmal ist auch im Rahmen eines solchen interdisziplinären Diagnostikmarathons der Name des Hausarztes untergegangen, der ursprünglich einmal das Ganze in die Wege geleitet hatte. Wenn dann zum Schluß eine eindeutig organische Ursache nicht nachgewiesen werden kann, kann es sich bei diesem Patienten ja auch möglicherweise um psychovegetativ überlagerte Beschwerden handeln, wobei dann logischerweise der große Auftritt des Neurologen/Psychiaters als Schlußpunkt erfolgt. Ein solcher „Patienten-Rundumtausch“ mit breitgefächerter Facharztbeteiligung läßt sich auch für „unklare Unterbauchbeschwerden“, „unklare dyskardische Beschwerden“ und ähnliche diffuse Syndrome jederzeit wiederholen. Kritische und mißtrauische Patienten brechen manchmal von sich aus den Weg durch die Medizindisziplinen ab und stellen sich bei ihrem Hausarzt mit der Frage vor, was denn nun aus ihren ursprünglich geklagten und immer noch bestehenden Kopfschmerzen werden solle – andere Patienten gehen diesen Weg geduldig bis zum Ende weiter, schließlich muß der Facharzt als Spezialist ja wissen, was ihnen am besten tun wird.

Nun will ich beileibe meinen fachärztlichen Kollegen keinerlei Motive außer einem umfassenden interdisziplinären Bemühen um das Patientenwohl unterstellen – das ganze System scheint vielmehr irgendwelchen alpinen Lawinengesetzen zu folgen, indem durch ein kleines Schneeflöckchen (nämlich den Konsiliarauftrag des Hausarztes) fast automatisch eine breitgefächerte Überweisungslawine ins Rollen gebracht wird. Wenn man einmal von den enormen Kosten dieses „Pingpongspiels“ für die Krankenkassen absieht, scheint mir dies sicherlich auch nicht im Interesse des Patienten zu sein. Und obwohl ich zu allen Fachärzten meines Umfeldes ein ausgesprochen gutes Verhältnis habe, bin ich nun doch einmal prinzipiell der Ansicht, daß beim Hausarzt die Fäden zusammenlaufen müssen und er entscheiden sollte, welcher Patient welchem Spezialisten zugeführt werden muß.

Als Statist in eine überweisungsscheinausstellende Nebenrolle gedrängt, ärgerte es mich mehr und mehr, daß all diese Aktivitäten gegen meinen Willen und über meinen Kopf hinweg abliefen. Und da stetes Grollen im stillen Kämmerlein niemandem hilft und nichts bewirkt und verschluckter Ärger auf die Dauer am eigenen Nervenkostüm knabbert, beschloß ich, in dieses fachärztliche „Pingpongspiel" mit ein paar hausärztlichen „Schmetterbällen" einzugreifen. In den ersten Monaten meiner Niederlassung griff ich sofort und konsequent zum Telefon, wenn ich einen meiner überwiesenen Patienten nicht nach angemessener Zeit wiedersah. Ich bat höflich darum, mir jeden Patienten nach Abschluß der Konsiliaruntersuchung entweder zurückzuschicken oder nach telefonischer Rücksprache mit mir die fachärztliche Behandlung zu übernehmen. Dies bringt einem möglicherweise nicht unbedingt die uneingeschränkte Liebe und Zuneigung aller Kollegen ein, verschafft jedoch ein „Rührt-ihn-nicht-an-Image", das für die weitere Zukunft ein absolut kollegiales und spannungsfreies Zusammenarbeiten zwischen Haus- und Facharzt sichert. Ein offenes Wort unter Erwachsenen beseitigt sehr oft Krisenherde – und auch ein Gewitter kann oftmals erhebliche Reinigungseffekte haben.

Deshalb habe ich auch für die häufig auf Kongressen oder Fortbildungsveranstaltungen von anderen Kollegen geäußerten schwelenden Animositäten zwischen Hausärzten und Fachärzten wenig Verständnis. Schließlich hat heute jeder Arzt auf seinem Schreibtisch ein Telefon stehen! Und wenn trotz mehrmaliger offener Aussprachen eine solch angestrebte harmonische

Zusammenarbeit wegen unüberbrückbarer Differenzen über die äußere Form dieser Zusammenarbeit nicht funktionieren sollte, dann kann man sich zur Not und zu guter Letzt immer noch der Tatsache erinnern, daß man – ohne die freie Arztwahl des Patienten in irgendeiner Form einzuschränken – als Hausarzt doch einen nicht unerheblichen Einfluß auf alle Formen medizinischer Betreuung außerhalb der hausärztlichen Praxiswände nehmen könnte ...

Nachwort

Genieren Sie sich nicht, wenn Ihnen bisher nicht bekannt war, daß aus Ihrer Überweisung zur Konsiliaruntersuchung (nicht zur Mitbehandlung) eine zeit- und geldaufwendige Ringüberweisung werden kann: Eine kleine von der Redaktion veranstaltete Umfrage unter 4 Kassenärzten ergab: Keiner wußte, daß der „Konsiliarius" nach § 19 des Bundesmantelvertrages den ihm überwiesenen Patienten weiterschicken darf, wenn's der „Diagnosefindung, der Stützung seines diagnostischen Verdachts, dem differentialdiagnostischen Ausschluß einer Diagnosevermutung" etc. dienlich ist. Daß der Hausarzt vom Wandertrip seines Patienten unterrichtet wird, ist erwünscht, aber keine Conditio sine qua non. Dr. W. Hemmer

Tips und Tricks von den Kollegen

Manchmal behandle ich unorthodox

Als ich vor noch gar nicht so vielen Jahren nach abgeschlossener Klinikausbildung in die freie Praxis schritt, war ich mir völlig sicher, aufgrund des in der Klinik Gelernten auch in der freien Praxis die medizinische Welt aus den Angeln heben zu können. Dies geschah aus der öfter anzutreffenden leichten Hypertrophie des Klinikers heraus, der – im Wissen des mächtigen medizinischen Klinikapparates hinter sich – manchmal etwas leichtfertig auf die niedergelassenen „Barfußärzte" herabblickt, die, mit Stethoskop und ihren Sinnen bewaffnet, moderne Medizin treiben wollen.

Der Praxisalltag sorgt dann aber sehr schnell dafür, daß man von seinem medizinischen Höhenflug auf das normale Maß herabgeschraubt wird und erkennt, daß man selbst wie alle anderen Kollegen auch nur mit medizinischem Wasser kocht. So entwickelt man im täglichen Alltag ganz individuelle allerdings jedoch unübliche Therapieformen, die – wenn auch wirksam und effizient – mit Sicherheit in keinem Lehrbuch anzutreffen sind, die vielmehr den einstigen klinischen Lehrern die Zornesröte auf das Gesicht treiben und gar im medizinischen Staatsexamen den sofortigen Ausschluß zur Folge haben dürften.

Ein Beispiel: Da wird man zu einem Kind gerufen, das seit zwei Tagen konstant um 40 Grad Fieber hat. Die gründliche Untersuchung ergibt nichts, aber auch wirklich gar nichts, was dieses Fieber erklären könnte. Man denkt an eine in die Jahreszeit passende Virusinfektion und verordnet Wadenwickel, ein paar Fieberzäpfchen und Abwarten. Am folgenden Tag das gleiche Bild – BSG, Blutbild und Urinstatus sind unauffällig, das Kind fiebert weiter. Am nächsten Tag das gleiche, das Kind fiebert, die Eltern mittlerweile auch vor Ungeduld. Der Kugelschreiber sträubt sich in der Hand bei der Verordnung eines Antibiotikums, das mehr aus Verzweiflung denn aus medizinisch begründeter Indikation verschrieben wird, das schlechte Gewissen des Schulmediziners rumort – doch 24 Stunden später ist das Kind fieberfrei, die Eltern sind glücklich und erleichtert, der Hausarzt auch!

Eine solche „Therapie“ steht in keinem Lehrbuch, widerspricht allen Gesetzen gezielter Antibiotikabehandlung (ich höre förmlich das Protestgeschrei der Kliniker) – doch, Hand aufs Herz, welcher niedergelassene Kollege hat nicht schon einmal ähnlich gehandelt...?

Ein anderes Beispiel sind die in der Praxis bedeutsamen „Aufbauspritzen“, für mich als Kliniker damals der Inbegriff therapeutischer Unsinnigkeit. Doch was um alles in der Welt soll man als Hausarzt mit einem achtzigjährigen, vereinsamten Patienten tun, der sich nicht so recht von seinem „grippalen Infekt“ erholen kann? Also greift man, nolens volens, zur „Aufbauspritze“, meist einem Multivitaminpräparat, das zumindest nichts schaden kann – nur, das Eigenartige ist, daß der Patient sich zusehends erholt, aus was für Gründen auch immer. Moderne Medizin? Sicherlich nicht! Psychotherapie? Vielleicht! Wirksam? Und wie! Die einzige Indikation für eine solche „Therapie“ ist der zufriedene Patient, der sich „wie neugeboren“ fühlt.

Ein anderes trauriges Kapitel in der Allgemeinpraxis sind die chronischen therapieresistenten Kopfschmerz- und Migränepatienten, die alle medizinischen Fachdisziplinen bereits etliche Male hinter sich haben, alle modernen Migräneprophylaktika kiloweise verzehrt haben und schließlich nach einer Odyssee durch alle paramedizinischen kostspieligen Medizin-Subkulturen wieder bei ihrem Hausarzt landen. Ohne Zuhilfenahme eigener, teilweise auch außerschulmedizinischer Behandlungsmethoden (z. B. Akupunktur, Phytotherapie, Neuraltherapie, Chirotherapie, Störfeldsuche, Homöopathie usw., usw.) wird man solche Krankheitsbilder nicht in den Griff bekommen.

Diese Liste von Beispielen ließe sich beliebig fortsetzen und wird von jedem niedergelassenen Kollegen durch eigene Beispiele ergänzt werden können. Um nicht mißverstanden zu werden: Natürlich soll und muß in der niedergelassenen Praxis die Therapie primär auf den Säulen der modernen Medizin stehen – doch ohne die eigenen kleinen „Spezialitäten“, wird man einem Teil seiner Patienten nicht gerecht werden können. Sei es, daß die genormte Therapie der modernen Medizin nicht das weite Spektrum der psychosomatischen Erkrankungen würdigt, sei es, daß sich leider die Krankheiten nicht in Lehrbuchschemata pressen lassen.

Als ich vor ein paar Jahren wegen eines Problempatienten einen Leserhilferuf an die Medical Tribune wegen therapieresistenter „restless legs" schrieb, bekam ich zwei Dutzend Therapievorschläge aus dem ganzen Bundesgebiet. Darunter waren Therapieformen, für die ich als Schulmediziner beim Lesen nur ein mitleidiges Tippen an die Stirn übrig hatte und die ich als „Spinnkram" abtat – aber, diese Therapien halfen zum Teil verblüffend! Seit der Zeit bin ich sicher, daß in bundesdeutschen Praxen ein großer, unbezahlbarer Therapieschatz von Tips, Tricks und Besonderheiten schlummert, den kein medizinisches Lehrbuch jemals ans Tageslicht zerren wird. Wenn doch mancher gestandene Praktiker die eigene Hemmschwelle überwinden und häufiger zur Feder greifen würde, damit andere Kollegen an solchen „Therapie-Spezialitäten" teilhaben könnten! Von solchen manchmal durch Zufall entdeckten Therapietricks würde mancher nach einem 12-Stunden-Alltag die Medizinzeitschrift durchblätternder Kollege gelegentlich mehr profitieren als von einer detaillierten Beschreibung der physikalischen Gesetzmäßigkeiten bei der Kernspintomographie...

Wie viele Spezialisten sind schon Fachidioten?

Daß eine Spezialisierung in der heute immer komplizierter werdenden Medizin einfach notwendig ist, um den Patienten diagnostisch und therapeutisch optimal zu betreuen, dürfte unumstritten sein. Der einzelne Arzt, mag er auch medizinisch noch so begnadet sein, ist nun einmal einfach nicht mehr in der Lage, das gesamte diagnostische und therapeutische Spektrum abzudekken. Ich frage mich allerdings manchmal, wieviel Spezialisierung zum Wohle des Patienten eigentlich erwünscht und erstrebenswert ist und ob nicht manchmal in einigen Großkliniken das Spezialistentum schon den ärztlichen Horizont erheblich einengt und zu einer für den Patienten gefährlichen fachspezifischen Schmalspurigkeit führen kann.

So kam vor ein paar Wochen ein Patient von achtundfünfzig Jahren in meine Sprechstunde und berichtete, er habe in den letzten Wochen einige Male so „komischen roten Urin“ gehabt, ob das wohl durch seine Vorliebe für Rote Bete und Rotkohl kommen könne? Das i. v. Urogramm ergab einen ausgeprägten raumfordernden Prozeß im Bereich des rechten Nierenbeckens, röntgenologische Schichtaufnahmen legten den dringenden Verdacht auf ein Hypernephrom nahe. So erklärte ich dem Patienten behutsam, daß die Ursache für seine Makrohämaturien nicht der Genuß der Roten Bete sei, sondern daß vielmehr im Bereich der Niere ein auffälliger Befund zu sehen sei, den man doch lieber zur Sicherheit in der nahegelegenen urologischen Spezialambulanz der Universität weiter abklären und gegebenenfalls operieren lassen sollte.

Also rief ich in der Universität an, schilderte dem urologischen Kollegen den Fall und machte einen Termin zur ambulanten Vorstellung aus. Eine Woche später fuhr der Patient – versehen mit sämtlichen Röntgenbildern und Blutbefunden – zur Vorstellung in die urologische Poliklinik der Universität. Noch am selben Mittag kam er wieder in meine Praxis, sichtlich erleichtert, doch mit einer gewissen Verunsicherung mir gegenüber. Der mitgegebene Universitätsbericht des Kollegen lautete: Bei Ihrem Patienten besteht keinerlei urologischer Befund – urologischerseits besteht keine Therapiebedürftigkeit.

Beim Lesen dieses Berichtes hatte ich das Gefühl, daß mein urologisches Weltbild ins Wanken geriet.

Mein Patient berichtete weiter, der Ambulanzarzt habe sich lange kopfschüttelnd die Röntgenbilder betrachtet und dann noch einen zweiten Kollegen zu Rate gezogen. Schließlich hätten beide angemerkt, warum um alles in der Welt der Hausarzt diese Überweisung ausgestellt haben möge. Nun sei er aber doch froh und erleichtert, daß ich als Hausarzt mich geirrt hätte und entgegen meinen Andeutungen eine Operation nicht nötig sei!

Ein Telefongespräch mit der urologischen Abteilung der Universität klärte dieses Mysterium dann sehr schnell auf. Es gab zwei urologische Polikliniken, eine „Spezialambulanz für Steinleiden" und eine andere, die das übrige Urologiespektrum versorgte. Mein Patient war – etwas verloren auf dem riesigen Klinikgelände herumirrend – aus Versehen in der „Steinambulanz" gelandet. Die beiden „urologischen Spezialisten" hatten trotz intensivsten Suchens auf den mitgelieferten Röntgenbildern einen Nierenstein nicht entdecken können (wie sollten sie auch?). Dem Nierenbeckentumor jedoch, der einem Medizinstudenten im ersten klinischen Semester ins Auge gesprungen wäre, hatten sie keinerlei Beachtung geschenkt, warum auch, schließlich waren sie ja „Steinspezialisten" und als solche offenbar nur für diese zuständig. Und wenn mein Patient auch statt in die „Tumorambulanz" fälschlicherweise in die „Steinsprechstunde" geht, dann muß er sich wohl auch nicht wundern, wenn sich für seinen Tumor niemand zuständig fühlt. Immerhin sagte der Kollege am Schluß des Telefongesprächs schließlich, daß manchmal wohl doch eine gewisse „Betriebsblindheit" (welch höfliches Wort!) entstehen könne, wenn man sich tagtäglich nur mit Nierensteinen beschäftige. Nun ja ... es lebe das Spezialistentum!

Mein Patient ist übrigens mittlerweile im örtlichen Krankenhaus nephrektomiert worden, das Hypernephrom wurde histologisch bestätigt, es geht ihm zur Zeit gut!

Um nicht mißverstanden zu werden: Dieser Fallbericht soll in keiner Weise irgendeine Schadenfreude eines kleinen Hausarztes dem mächtigen Klinikbetrieb gegenüber widerspiegeln. Kein Arzt ist unfehlbar, und jeder macht ab und an Fehler. Doch anhand eines solchen Beispiels frage ich mich manchmal, ob nicht hier im Rahmen eines heute oft propagierten Spezialisierungstrends in der Medizin manchmal schon die Grenzen zwischen Spezialistentum und Fachidiotie verschwimmen ... Möge mich das Schicksal davor bewahren, einem solchen „Spezialisten“ als Patient in die Hände zu fallen!

Die Droge Arzt

Sind Sie ein guter Schauspieler?

Um sich im Zeichen zunehmender Ärztedichte als konkurrenzfähiger und damit wirtschaftlich stabiler Arzt behaupten zu können, bedarf es neben fachlicher Kompetenz, seelsorgerischer Qualitäten und gutem Einfühlungsvermögen in die verschiedenen Charaktere und Eigenheiten der Patienten auch der nicht zu unterschätzenden Fähigkeit, sich im täglichen Praxisalltag gelegentlich und in gewissen Situationen als respektabler „Schauspieler" zu präsentieren. (Wobei diese Bezeichnung bitte nicht wörtlich zu nehmen ist, sondern vielmehr die dramaturgische Umsetzung ärztlich geforderter Tugenden wie Selbstbeherrschung, Selbstdisziplin, Überzeugungskraft und unbedingtes Eingehen auf jeden einzelnen Patienten in jeder Situation des Alltags und trotz manchmal widriger äußerer Einflüsse umschreiben soll.)

Wenn man Meinungsumfragen unter Patienten analysiert, wie diese sich den idealen Hausarzt vorstellen, so ergibt sich ungefähr folgendes Bild: Der ideale Hausarzt ist stets gleichmäßig freundlich, stets ruhig und ausgeglichen, hat immer ein offenes Ohr für die Sorgen und Nöte seiner Patienten, erklärt geduldig Krankheit und Therapieform, strotzt selbst vor Gesundheit und strahlt stets Optimismus, Zuversicht und ungetrübte Lebensfreude aus – kurz, er ist ein perfekter Mensch, der eigentlich auf einer rosa Wolke durch die Praxis schweben müßte.

Nun möchte ich einmal zweifelnd fragen, wer von den niedergelassenen Kollegen – von wenigen beneidenswerten Ausnahmen einmal abgesehen – dieses ideale Arztbild Woche für Woche an dreihundertfünfundsechzig Tagen des Jahres von Natur aus verkörpert. Ich jedenfalls gehöre nicht dazu! Auch ich als Arzt bin leider (oder zum Glück) nur ein schwacher Mensch mit Fehlern, Launen und Schwächen, der sich ab und zu gewisser „schauspielerischer" Einlagen bedienen muß, um vor seinen Patienten die erwartete Rolle des „idealen Hausarztes" spielen zu können.

Da ist zum Beispiel jene liebenswerte Patientin, die jedoch leider mit der vielzitierten „Patienten-Compliance" auf stetigem Kriegsfuß steht. Seit Monaten habe ich mich vergeblich bemüht, den entgleisten Hypertonus zumindest unter 200 mm Hg zu senken. Sämtliche Antihypertonika sämtlicher Substanzgruppen wurden bisher von der Patientin als „unverträglich und unbekömmlich" abgelehnt, nun kommt sie erneut mit Blutdruck 240/120 in die Praxis geschwankt. In der Hand schwenkt sie triumphierend den Beipackzettel des zuletzt verordneten Medikaments und verkündet, daß sämtliche 43 im Waschzettel aufgeführten Nebenwirkungen bei ihr nacheinander aufgetreten seien. In dieser Situation bewähren sich „Schauspielkunst" und Überzeugungsgabe des Arztes zum Wohl seiner Patientin (und auch des hausärztlichen Nervenkostüms). Also werfe ich das „Gift“ vor den Augen der Patientin demonstrativ angeekelt in den Papierkorb, schreibe dasselbe Medikament nunmehr als „Nifedipin-Generic“ auf, versehe das Rezept mit dem heimtückischen Zusatz „sine confectione“ und verkünde überzeugend, daß man es nunmehr mit einem besonders nebenwirkungsfreundlichen Präparat versuchen werde. Vierzehn Tage später ist der Hypertonus im Normbereich, Kopfdruck und Schwindel sind verschwunden und die Patientin lobt die gute Verträglichkeit des neuen Präparates („es war nicht einmal ein Beipackzettel in der Packung, so harmlos ist das Medikament...“) – die „Schauspielkunst“ des Arztes hat einen drohenden Apoplex abgewendet!

Oder da gibt es viele ältere und vereinsamte Patienten, für die der routinemäßige Besuch beim Hausarzt neben Zucker-, Blutdruck- und EKG-Kontrolle die therapeutisch viel wichtigere Funktion hat, endlich einmal beim Hausarzt auf einen geduldigen Zuhörer zu treffen und sich all den Alltagskummer von der Seele zu reden, für den es bei Verwandten und Bekannten längst kein offenes Ohr mehr gibt. Nun gibt es aber leider immer wieder einmal Tage, an denen sich der ansonsten geduldigste Zuhörer durch äußere Umstände zeit- und nervenmäßig überfordert fühlt. Auch an solchen „Großkampftagen“ den Patienten erzählen zu lassen, ohne Zeichen von Ungeduld und Zeitnot erkennen zu lassen, den Patienten vielmehr noch zu einem Gespräch zu ermuntern, die „Droge Arzt“ bewußt „auszuspielen“ und damit der Hausarztrolle gerecht zu werden – dies erfordert manchmal in der Hektik des Praxisalltags bei überquellendem Wartezimmer, schrillendem Telefon, Eilbesuchanforderungen und eigenem kribbelndem Nervenkostüm mimische Feinheiten, die jeden Schauspieler in die Kandidatenliste der Oscarpreisverdächtigen tragen würde.

Dennoch gibt es immer wieder Tage, an denen ich mich als Praxisinhaber schwer tue, meine „Hausarztrolle" durchzustehen. Habe ich noch zehn Minuten zuvor in der eigenen Familie ob der müllschüttenartig aussehenden Zimmer der eigenen Kinder den Donnergott gespielt und mit Fernseh- und Taschengeldentzug gedroht, so muß sich von einer Sekunde auf die andere das unheilverkündend grollende Gesicht des Familienvaters bei Betreten der Praxisräume in das gewohnt mildtätig lächelnde Hausarztantlitz verwandeln. Werde ich selbst im Rahmen einer Virusgrippe von Fieberschauern geschüttelt und praktiziere dennoch bis an die Haarspitzen mit Aspirin angereichert, dann fällt es mir doch gelegentlich etwas schwer, für das kleine Schnüpfchen des ebenfalls leidenden Patienten das vom Hausarzt erwartete mitfühlende Verständnis aufzubringen. Auch das Schreiben vom Finanzamt über nachzuentrichtende Steuern, der durch Eilbesuche unterbrochene Nachtschlaf sowie liebliche Krankenkassen-Schreiben mit Regreßdrohungen sind harte Prüfungen, die den Arzt durchaus an den Rand „schauspielerischen Vermögens" bringen können. Wenn bei solch einer Gelegenheit der Arzt einmal „aus der Rolle zu fallen droht" und Gefahr läuft, das Vertrauensverhältnis zum Patienten zu „kippen" – wie schön ist es dann, wenn eine verständnisvolle Arzthelferin durch vorsichtig soufflierendes Eingreifen das „Rollenspiel Arzt – Patient" zu einem guten Ende bringt.

Wenn man sich also zusammenfassend vor Augen führt, daß vom Arzt neben medizinischen, verwaltungstechnischen, seelsorgerischen und sonstigen Qualitäten auch ein gerüttelt Maß an „schauspielerischen" Fähigkeiten und Einlagen erwartet wird – dann ist es um so betrüblicher, daß im Rahmen von Kostendämpfungsmaßnahmen hierfür seitens der Krankenkassen die „Gagen" gekürzt werden sollen …

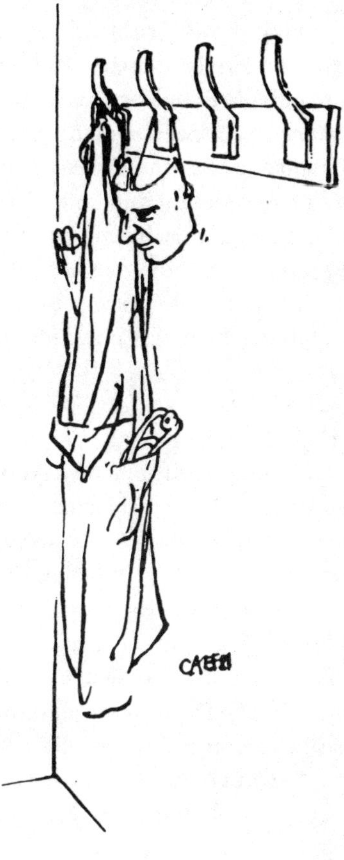

Man muß verzichten können

Wie halten Sie's mit „schwierigen" Patienten?

In jeder Praxis gibt es wohl eine Handvoll Patienten, die durch ihr Erscheinen bei Helferinnen und Arzt nicht unbedingt Freudentaumel, Begeisterung oder eitel Sonnenschein hervorrufen. Auf Grund langjähriger Erfahrung eilt ihnen der Ruf voraus, etwas „schwierig" zu sein und durch ihr Verhalten leicht einmal Mißklänge und Disharmonien im sonst harmonischen Sprechstundenalltag zu hinterlassen. Das Attribut der „Schwierigkeit" kann durch verschiedene Eigenheiten dieser Patienten im Laufe der Jahre entstanden sein.

Da gibt es z. B. Patienten, die durch ihr demonstrativ-forsch-forderndes Auftreten dem Arzt und seinen Helferinnen immer wieder aufs neue deutlich zeigen, daß es sich diese Praxis an sich als hohe Ehre anrechnen darf, unter so vielen Möglichkeiten als Behandlungsort auserkoren worden zu sein. Oder es kommt einmal pro Monat jener praxisintern berüchtigte Rentner zur Zuckerkontrolle, der mit seinem gereizten und ungeduldigen Verhalten immer wieder darauf hinweist, daß er wesentlich weniger Zeit als selbst der beschäftigtste Manager habe und demzufolge jede Wartezimmerminute über seinen Bestelltermin hinaus als ganz persönliche Schikane und Beleidigung auffaßt. Da suchen in Abständen jene Patienten die Praxis auf, die immer wieder Arzt und Mitarbeiter in zermürbende Diskussionen um die Verschreibung von N1- bis N3-Packungen verwickeln oder statt der krankenkassenvorgegebenen Verordnung von sechs Massagen pro Rezept gleich ein ganzes Dutzend möchten. Und es kommen schließlich jene chronisch kranken Patienten, die ihre rezidivierenden Schmerzattacken im arthrotisch deformierten und kausal nicht mehr zu therapierenden Knie nicht ihrem Alter, sondern ganz allein der Schlechtigkeit der Welt im allgemeinen und der absoluten therapeutischen Unfähigkeit ihres Hausarztes im besonderen anlasten. Beispiele solch „schwieriger" Patienten dürfte jeder Kollege mit Schilderungen aus seiner eigenen Klientel beliebig ergänzen können. Solche „unbequemen" Patienten sind im Alltag natürlich eine besondere Herausforderung für den Hausarzt, gerade sie durch ausgesuchte Freundlichkeit, durch Verständnis und geduldiges Eingehen auf die besondere Patientenpsyche und schließlich auch durch zeitliches Engagement für die nötige Therapie zu gewinnen. Manchmal frage ich mich jedoch, wieweit im Einzelfall eigentlich das hausärztliche Ringen um solche „schwierigen" Patienten gehen muß? Ich muß zu meiner eigenen Schande gestehen, daß ich bei mir im Laufe der Berufsjahre doch eine leicht sinkende Toleranzschwelle für Patienten dieser Art feststelle. Da sitzt dann etwa die obenerwähnte Patientin vor mir, die auf Grund ihrer verspannten Rückenmuskulatur gleich ein Dutzend Massagen aufgeschrieben bekommen möchte. Schließlich müsse sie für jede neue Verordnung 4 DM bezahlen, und das sehe sie überhaupt nicht ein! Außerdem kenne sie genug andere Ärzte, die angeblich immer ohne Schwierigkeiten gleich ein Dutzend Massagen aufschrieben. In den ersten Jahren meiner Praxistätigkeit habe ich in diesem Falle noch geduldig, immer und immer wieder als verständnisvoller Hausarzt erklärt, daß ich nun einmal die gültigen Krankenkassengesetze befolgen müsse und mich nach einer bestimmten Anzahl von Massagen über den Erfolg dieser Therapie informieren müsse. Forderungen solcher Art, die mit dem Hinweis auf einen angeblich „großzügigeren" Kollegen eine leicht erpresserische Komponente enthalten, pflege ich heute statt zeit- und nervenaufreibender fruchtloser Diskussionen dadurch zu beenden, daß ich die Patientin höflich, freundlich und ohne jeden Zorn auffordere, sich doch bitte am Empfang einen Überweisungsschein zur „Weiterbehandlung" ausstellen zu lassen und jenen erwähnten „großzügigen" Kollegen aufzusuchen. Patienten, die den idealen und für sie besonders geeigneten Hausarzt darin sehen, daß er ihnen willfährig alle Therapiewünsche erfüllt, werden in meiner Praxis auf die Dauer ohnehin nicht glücklich! Patienten, die mir immer wieder wortreich ihre absolute Unzufriedenheit mit sämtlichen therapeutischen Bemühungen meinerseits zur Linderung ihrer chronischen Leiden zeigen, pflege ich dann schon einmal auf ihre Möglichkeit der freien Arztwahl hinzuweisen. Statt sich immer wieder bei jeder Konsultation in „Scharmützeln" aufzuzehren, sollte man sich angesichts eigener Erfolglosigkeit auch gelegentlich der Möglichkeit bedienen, diesen Patienten andere Kollegen zu empfehlen, die möglicherweise mit neuen Ideen, neuem Elan und einer für diesen Patienten geeigneteren persönlichen Art besser helfen können.

Ich glaube fast, daß es zwischen Arzt und einigen wenigen Patienten derartige Inkompatibilitäten gibt, daß auf Dauer gesehen eine harmonische und auf gegenseitigem Vertrauen basierende Zusammenarbeit einfach nicht möglich ist.

Sollte man dann nicht lieber auf diese wenigen Patienten, zu denen man nicht den richtigen persönlichen und ärztlichen Kontakt findet, nach entsprechenden frustranen hausärztlichen Bemühungen freiwillig verzichten und die frei gewordene Zeit der immer zu kurz kommenden Familie widmen?

Ich bin also in den letzten Monaten in verstärktem Maße dazu übergegangen, mit meinen „chronisch schwierigen“ Patienten ein offenes Wort zu reden. Ohne Zorn und gekränkte Eitelkeit spreche ich diese Patienten in freundlicher Sachlichkeit daraufhin an, warum sie durch ihr Verhalten offensichtlich Unzufriedenheit mit mir als Hausarzt, meinem Personal oder der Praxis schlechthin zeigen. Falls diese Schwierigkeiten nicht durch ein offenes Gespräch aus der Welt geschaffen werden können, würde ich doch zu beiderseitigem Nutzen vorschlagen, das Behandlungsverhältnis zu beenden und eine andere Hausarztpraxis zu wählen. Die Hälfte der auf diese Art angesprochenen Patienten dementiert energisch jegliche Unzufriedenheit – dies ist meist der Beginn einer ausgesprochen harmonischen weiteren Zusammenarbeit. Es kommen auch Fehler und Pannen und Ungeschicklichkeiten meinerseits (oder seitens der Mitarbeiterinnen) zur Sprache, die dann möglichst für alle Ewigkeiten aus der Welt geschaffen werden. Ein paar Patienten ziehen natürlich auch im Zorn von dannen und schwören, nie wieder die Schwelle meiner Praxis zu überqueren. Zurück bleibt beim Personal und auch bei mir ein Gefühl der Erleichterung, daß ein praxisinterner chronischer Unruhe- und Disharmonieherd aus dem sonst friedlichen Praxisalltag eliminiert wurde.

Wie halten Sie es mit solchen schwierigen Patienten der oben aufgeführten Art, die immer und immer wieder Anlaß für ärgerliche Szenen und andere Sprechstundenturbulenzen bieten? Versuchen Sie auf jeden Fall, für alle Zeit und trotz mancher Frustration, diese Patienten durch Verständnis, Ursachenforschung und gütiges Nachgeben in die Praxis zu integrieren? Oder verfahren Sie manchmal auch nach dem Motto: Lieber ein Ende mit Schrecken, als ein Schrecken ohne Ende?

„Meinen allerherzlichsten Dank – ich mach' auch Hausbesuche an Sonn- und Feiertagen, spätnachts und in früher Morgenstund!"

Frust in der Sprechstunde

Haben Sie manchmal auch „schwarze" Tage?

Erfolg und Mißerfolg liegen im Leben wie auch in der Medizin manchmal ziemlich eng beisammen. So gibt es leider immer wieder in meinem täglichen Praxisalltag „schwarze" Sprechstundentage, an denen sich offensichtlich sämtliche Medizindämonen gegen den ahnungslosen Praxisinhaber verschworen haben und der ansonsten über meiner Praxis wachende Schutzpatron der niedergelassenen Ärzte seinen Dienstantritt verschlafen hat. Dabei sehe ich weder kalendarische, saisonale noch biometeorologische Zeichen, die den niedergelassenen Arzt in irgendeiner Form vorwarnen könnten.

Der Tag beginnt an sich wie immer, beim morgendlichen Betreten der Praxis ist der hausärztliche Seelenfriede noch ungetrübt. Nur an dem etwas gedrückteren „Guten Morgen" meiner Praxisdamen ist kommendes Unheil zu ahnen. Die „Praxisperle" schleicht herein und erklärt diplomatisch, daß die ersten Patienten unangemeldet in die Praxis gestürmt seien und darauf bestanden hätten, „sofort und auf der Stelle" den Doktor zu sprechen. Dies ist ein ausnehmend böses Omen! Ein kurzer Druck auf den Knopf der Gegensprechanlage – ein Katastrophentag beginnt.

Die ersten drei Patienten an diesem Morgen berichten hintereinander anklagend, daß sich sämtliche Leiden nach Einnahme der von mir neu verordneten grünen, roten und gestreiften Pillen dramatisch verschlechtert hätten. Ich wechsle irritiert in das andere Sprechzimmer, aus dem mir an diesem Morgen statt eines „Guten Tag, Herr Doktor!" ein vernichtendes „Wollten Sie mich vergiften?!" entgegenschlägt. Und in diesem Stil geht es in der Sprechstunde weiter ...

Als der erste Patient an diesem Morgen zufrieden strahlend verkündet, es gehe ihm so gut wie nie zuvor, keimt ein Hoffnungsschimmer am Hausarzt-Horizont auf, der jedoch durch den Zusatz „Ihre Tropfen habe ich aber lieber gar nicht erst genommen, Herr Doktor" im Keim erstickt wird.

An diesen Sprechstundentagen scheinen sich sämtliche schwierig zu führenden Problempatienten der Kleinstadt in meinem Wartezimmer versammelt zu haben und wild entschlossen zu sein, mich als ihren Hausarzt in ihr psychosomatisches Stimmungstief mitzureißen. Wenn dann auch noch der von den Arzthelferinnen einstimmig zum „schwierigsten Patienten des laufenden Quartals" gekürte Problemfall Nummer eins das Sprechzimmer zwanzig Minuten lang mit der Schilderung blockiert, daß es doch einen kausalen Zusammenhang zwischen seinem zuckenden linken Ohr und kribbelnden rechten Zeigefinger einerseits und potentiellen Formaldehyddämpfen im ehelichen Schlafgemach andererseits geben müsse, bleibt dem an diesem Tag geplagten Hausarzt an sich nur noch der Griff zu den Baldriantropfen.

An solchen „schwarzen Tagen“ überlege ich mir manchmal ernsthaft, ob ich den richtigen Beruf ergriffen habe und ob ich nicht lieber prophylaktisch Approbation und Kassenzulassung zurückgeben sollte, um noch größeren Schaden von meinen Patienten fernzuhalten ...

Das einzige, was an solchen Tagen läuft wie immer, ist der Zeiger der Schreibtischuhr. Der vom Personal zur Frühstückszeit kredenzte Tee ist dünnblättrig und mißlungen (zumindest kommt er mir so vor), der Kuchen scheint ob seiner Trockenheit eher zum Löschen von Tintenklecksen als zum Aufheitern trüber Chef-Gemüter geeignet. Von den Arzthelferinnen traut sich mittlerweile nur noch die „Praxisperle“, den Chef in seiner Sprechstundendepression anzusprechen – und selbst die kummergewöhnten Pharmaziereferenten ziehen es angesichts der gereizten Stimmung vor, an einem anderen Tag wiederzukommen.

Die Hoffnung, in der eingegangenen Praxispost ein wenig seelische Stabilisierung zu finden, hält lediglich bis zum Öffnen des ersten Briefes vor. Als erstes fällt mir die Rechnung über die Mikrowellenreparatur in die Hand, aus deren Höhe logisch zu schließen ist, daß dieses Gerät fortan mit goldenen Armaturen arbeiten muß; das Brieflein von der KV entpuppt sich als Rücksendung fehlerhaft ausgefüllter Krankenscheine, und die Histologie der vor einer Woche operativ entfernten „Verruca vulgaris“ ergibt ein „spinozelluläres Karzinom“ („Schnittränder nicht im Gesunden“).

Die Stimmung ist mittlerweile vollends auf dem Tiefpunkt angekommen, und ich freue mich in neu gewonnener Bescheidenheit über jeden Patienten, der einen kleinen Hauch von Zufriedenheit und Besserung seiner Beschwerden andeutet.

Doch auch solche „schwarzen Katastrophentage“ gehen zum Glück vorüber! Wohl dem glücklichen Arzt, der sich nach solch unerfreulichen Arbeitstagen in den harmonischen Schoß der eigenen Familie flüchten kann, die das gestreßte Familienoberhaupt wieder seelisch aufrichtet.

Während ich also voll froher Erwartung das Wohnhaus betrete, platze ich in ein gedrücktes „Taubstummen-Abendbrot“ hinein, und die wohlerzogenen leiblichen Kinder beichten stockend, daß der Grund für das kurz zuvor von der tobenden Ehefrau ausgesprochene Fernsehverbot in der beim Fußballspielen erfolgten totalen Zerstörung des frischangelegten Rosenbeets zu sehen sei. Es gibt Tage, an denen alles schiefgeht ...

Das Wartezimmer-Lotto

Wenn das Wartezimmer plötzlich überquillt ...

Ein Tag für Tag, das ganze Jahr hindurch gleichmäßig gefülltes Wartezimmer, ohne Hektik und Streß, aber auch ohne Leerlauf – dies ist ein anzustrebender Idealzustand im beruflichen Dasein des niedergelassenen Arztes. Leider läßt sich ein solcher Idealzustand trotz aller organisatorischer Bemühungen und trotz Ausschöpfens aller möglichen Tips und Tricks in einem an sich ganz gut funktionierenden Bestellsystem nicht immer erreichen.

Immer wieder einmal gibt es im Praxisalltag „Stoßzeiten", in denen sich urplötzlich und ohne jede Ankündigung oder Vorwarnung eine Patientenflut in das Wartezimmer ergießt und Personal und Praxisinhaber zwingt, unter parallel laufender Erledigung von einem halben Dutzend verschiedener Tätigkeiten zur gleichen Zeit im Achteck zu rotieren. Immer wieder einmal aber auch gibt es Tage, an denen der Praxisbetrieb eher schleppend läuft und ich mir wünschte, ein paar Minuten geschenkter Zeit für „Katastrophentage" konservieren zu können.

Wenn man einmal von stadtintern wütenden Erkältungsviren, Magen-Darm-Infekten oder den bekannt hektischen Tagen vor und nach Wochenenden und Feiertagen absieht, ist es mir bis heute völlig rätselhaft geblieben, nach welchen geheimnisvollen Kriterien urplötzlich das „ruhende Patienten-Potential“ aktiviert wird und sich zu einem Arztbesuch entschließt.

Welche Einflüsse also steuern den Patientenstrom in der Arztpraxis? Da ist zunächst einmal als potentieller Arztbesuch-Motivationsfaktor das tägliche Wetter. So fahre ich also in unserem meteorologisch nun weiß Gott nicht verwöhnten Norddeutschland an einem strahlenden Sonnentag bei angenehm warmen Temperaturen zur Praxis und bin im Grunde ganz sicher, daß mir bei diesem schönen Wetter ein ruhiger Sprechstundenvormittag bevorsteht, da man nach meinem eigenen Gefühl und nach meinen Gesetzen der Logik an einem solchen Sommertag wohl nur bei ganz akuten Erkrankungen zum Arzt geht. Ein ruhiger Sprechstundenvormittag also? Weit gefehlt! Das Wartezimmer ist brechend voll und verscheucht eigene Pläne für ein paar ruhige Sonnenstunden auf der Terrasse. „Ich wollte eigentlich schon seit ein paar Wochen mit meinem Rükken zu Ihnen kommen, Herr Doktor – aber heute habe ich mir gedacht, bei dem schönen Wetter ist es nicht voll, da brauche ich nicht lange zu warten!“ Diesen Gedanken hatten offenbar mehrere Patienten …

Das Gegenbeispiel: Ich fahre an einem grauneblig-feuchtdiesigen Aprilmorgen in die Praxis, an einem Tag, an dem normalerweise nicht einmal ein wettererprobter Hofhund seine Hütte verläßt. Aus der Fülle des Wartezimmers ist ersichtlich, daß meine Patienten diese Wetterbedenken offenbar nicht teilen, da sie durch klimatologisch bedingte Aktivierung von Husten- und Schnupfenviren, bis dahin schlummernden Arthrosen oder auch dekompensierten rheumatischen Beschwerden zum Besuch beim Hausarzt gezwungen wurden. Auf klimatologisch-meteorologische Gegebenheiten als prognostischen Faktor für den Ablauf des Sprechstundentages ist also kein rechter Verlaß!

Wie steht es nun mit saisonalen Einflüssen? An sich müßte man doch annehmen, daß sich bei Beginn der Schulferien oder Urlaubssaison das Wartezimmer schlagartig leeren müßte. Das stimmt oft auch nicht! Nun nutzen nämlich Hausfrauen oder solche Berufstätige, die mit ihren chronischen Beschwerden nicht bei der Arbeit fehlen wollten, endlich einmal die Gelegenheit, sich ohne jeden Zeitdruck behandeln zu lassen und, wenn möglich, ihre Beschwerden auszukurieren. Außerdem wird die Zahl der verreisten eigenen Patienten spielend durch andere Patienten kompensiert, die bei Urlaubsabwesenheit anderer Kollegen kommen. Andererseits wäre es aber doch ganz logisch, daß sich nach Beendigung der Ferien oder des Urlaubs das Wartezimmer schlagartig füllt, denn wer geht schon ohne große Not in den Ferien oder im Urlaub zum Arzt? Doch das stimmt oft auch nicht, ist doch durch die Ferien in Haushalt oder Beruf soviel Arbeit liegengeblieben und nun aufzuarbeiten, daß ein Arztbesuch zunächst einmal warten muß.

Ich kenne nur ein saisonales Ereignis, das garantiert volle Wartezimmer beschert: der Abschluß der Gartensaison, nachdem die letzten Früchte geerntet, die Rosen abgedeckt sind und das Laub glücklich abgeharkt ist.

Dann erscheinen die „kaputten Rücken, geschwollenen Knie“ und die nach Massagen lechzenden „verspannten Muskeln“, die für die kommende Frühjahrssaison „garten-topfit“ gemacht werden wollen.

Ansonsten gibt es immer wieder Sprechstundentage, die einen völlig anderen Verlauf nehmen als durch mich oder mein Personal angenommen. Ein von meinen Damen auf Grund nur weniger Voranmeldungen angekündigter „ruhiger und beschaulicher Morgen“ entwickelt sich plötzlich ohne einen plausiblen Grund zu einem „Patientengroßkampftag“, an dessen Ende ich am frühen Nachmittag fast auf den Augenwimpern zum Mittagessen schleiche. Auf der anderen Seite läßt ein von meiner Praxisperle prognostizierter Patientenstrom beim Blick auf die dann nur zögernd hereinklekkernden Patienten und das gähnend leere Wartezimmer Verarmungsgedanken und Bankrottalpträume aufkommen.

Die Patientenmotivation für einen Arztbesuch an diesem oder jenem Tage unterliegt – von akuten Erkrankungen einmal abgesehen – offensichtlich rational kaum faßbaren Gesetzmäßigkeiten.

Ich habe es in meiner Hausarztlaufbahn nur ein einziges Mal erlebt, daß Prognosen für Patientenzahlen am Sprechstundentag für mehrere Tage im voraus fast exakt eintrafen. Das war vor ein paar Jahren, als hier in Norddeutschland eine Schneekatastrophe herrschte mit absolutem Fahrverbot, von der Umwelt abgeschnittenen Dörfern und unvorstellbaren Schneemassen, die einen Arztbesuch nur mittels Hubschrauber ermöglicht hätten. Diese denkwürdigen Tage bedeuteten ein paar Tage „Urlaub in der eigenen Praxis".

Über solche Ausnahmetage hinaus lassen sich meiner Ansicht nach in einer leidlich gutgehenden Praxis die Patientenzahlen für den Sprechstundenalltag weder durch klimatologisch-meteorologische noch saisonal-kalendarische Ereignisse voraussagen. Bleibt abschließend zu hoffen, daß sich auch in der Zukunft bei zu erwartenden Neuniederlassungen eigene Prognosen für einen ruhigen Sprechstundenvormittag durch plötzlich und unerwartet einsetzende Patientenströme und damit gut gefüllte Wartezimmer noch häufig in das Gegenteil verkehren ...

Abtreibung wegen Abenteuerreise

Da sträubt sich mein Kugelschreiber...

Es ist sicher nicht meine Aufgabe als Hausarzt, Sinn oder Unsinn, Berechtigung oder Unfug von bestehenden Gesetzen im Gesundheitswesen zu kommentieren. Auch daß in der Bundesrepublik als Land mit einer der niedrigsten Geburtenraten dieser Erde die Zahl der legalen Schwangerschaftsabbrüche seit Jahren fast unverändert bei etwa neunzigtausend im Jahresdurchschnitt liegt (es gibt Stimmen, die die wirkliche Zahl der Abtreibungen um das Dreifache höher sehen), mag in erster Linie die berufspolitisch Verantwortlichen interessieren. Aber daß in dieser Wohlstandsgesellschaft mit offensichtlichen Nachwuchssorgen über achtzig Prozent dieser Schwangerschaftsabbrüche durch „eine sonstige schwere Notlage" begründet werden und ich als Hausarzt durch meine Unterschrift diese teilweise offenkundige Begründungsakrobatik „soziale Indikation" auch noch mittragen helfe, ist bei einigen Fällen manchmal wirklich zum Weinen.

Wenn ich meine eigenen Unlustgefühle bei diesem Teil der hausärztlichen Tätigkeit betrachte, dann bin ich um so erstaunter, daß ich als regelmäßiger Leser der gängigen Medizinzeitschriften in den ganzen Jahren des legalisierten Schwangerschaftsabbruches nie eine Stellungnahme von betroffenen Gynäkologen gefunden habe, wie diese denn über dieses Gebiet ihrer operativ-gynäkologischen Tätigkeit denken und was für Gefühle sie bei diesem Teil ihrer gynäkologischen Tätigkeit empfinden. Vielleicht habe ich solche Stellungnahmen überlesen – oder ist dies n u r ein operatives Routineverfahren wie die Durchführung einer Konisation oder Scheidenplastik?

Ich habe Verständnis dafür, daß eine dreiundvierzigjährige Frau mit drei erwachsenen Kindern („Herr Doktor, letztes Jahr bin ich Großmutter geworden"), bei der es wider aller Planung „im hohen Alter noch einmal passiert ist", sich bei dem Gedanken physisch und psychisch überfordert fühlt, nach fünfundzwanzig Jahren noch einmal mit Babywickeln und Flaschegeben anzufangen. – Ich kann auch sehr gut nachvollziehen, daß ein junges Mädchen ohne Berufsausbildung, ohne feste Partnerschaft und ohne Zukunftsperspektiven, das mehr aus Zufall und Unerfahrenheit schwanger geworden ist, sich in Anbetracht der eigenen Unfertigkeit das Aufziehen eines Kindes nicht zutraut.

Doch was einige meiner Patientinnen – seit Jahren verheiratet oder in fester Partnerschaft lebend – als Begründung dafür anführen, das Kind abtreiben zu wollen, löst bei mir manchmal wirklich ein kribbelndes Gefühl in der Magengegend aus. Da wird die seit langem fest geplante Abenteuerreise durch Europa angegeben, zu der eine Schwangerschaft nicht so recht passen will. Da werden finanzielle Vorhaben aufgezeigt, zu der die schwangerschaftsfreie Berufstätigkeit beider Partner vonnöten ist. Da heißt es als Begründung schlicht, daß der Partner „zur Zeit keine Kinder möchte, später vielleicht“, oder es werden Fragen nach einer Antikonzeption mit einem Achselzucken beantwortet.

Schwangerschaftsabbruch als postkonzeptionelle Empfängnisverhütung – mein Gott, haben hier Elternhaus, Schule, Gesellschaft und nicht zuletzt wir Ärzte kläglich versagt...?

Und da die Frauen meist vom Gynäkologen geschickt werden und bereits einen festen Operationstermin haben, darf ich als Hausarzt lediglich durch meine Unterschrift das längst geplante medizinische Unterfangen legalisieren.

Es ist mir in den letzten Jahren trotz intensiver Gespräche mit den Patientinnen nur ein einziges Mal gelungen, eine Mutter eines zweijährigen Kindes zu überzeugen, daß trotz aller bei der Frau bestehenden, „terminlichen Widrigkeiten“ durch ein zweites Kind die Welt nicht unbedingt untergeht.

Was sich ansonsten hinter der offiziellen Indikation „soziale Notlage“ teilweise verbirgt, ist manchmal eine Mischung aus kaum glaublicher Gedankenlosigkeit, Bequemlichkeit und purem Egoismus. Dabei ist eine solche Haltung den Frauen noch nicht einmal zu verübeln, wird doch in dieser Gesellschaft eine Familie mit Kindern finanziell-materiell bestraft, und Familien mit mehr als drei Kindern hängt bereits der verdächtige Hauch der Asozialität an (welch fürchterlicher Gedanke übrigens, die Existenz von Kindern unter rein finanziell-materiellen Aspekten zu sehen).

So muß in der Praxis sehr oft zur Abwendung drohender persönlicher oder finanzieller Einschränkungen die „soziale Notlagenindikation“ herhalten. Und da auch ich in erster Linie für meine Patienten sorgen muß, diese nicht für Versäumnisse und Fehler der Gesellschaft verantwortlich machen kann, da ich mich ferner nicht als Gralshüter einer wie auch immer gearteten gesellschaftlichen Moral verstehe, da ich ferner keinem Neugeborenen einen Gefallen tue, möglicherweise als „unerwünschter Eindringling“ auf diese Welt geboren zu werden (und da ich als Hausarzt natürlich auch die Patientinnen nicht verlieren möchte), „helfe“ ich also den „notleidenden“ Frauen, und sei es auch mit Hilfe der „sozialen Indikation“ – auch wenn manchmal der Kugelschreiber bei dieser Art von Unterschrift ächzt und stöhnt...

Nun will ich beileibe nicht jene Zeiten zurückreden, in denen nur finanziell gutsituierte Frauen durch einen entsprechenden Auslandstrip ihr „Problem“ lösen konnten. Doch wenn ich Woche für Woche in sämtlichen Medizinzeitschriften lese, durch welch immense therapeutische Klimmzüge einer extrakorporalen Befruchtung den vielen kinderlosen Ehen der ersehnte Kinderwunsch erfüllt werden soll, und ich als Hausarzt andererseits durch meine Unterschrift eine nur auf herkömmliche Art zustande gekommene Schwangerschaft beende, so tue ich mich doch zuweilen schwer, diesen Widerspruch zu begreifen.

Warum es offensichtlich nicht möglich ist, statt Unsummen von Geldern für legale Schwangerschaftsabbrüche auszugeben, diese Gelder lieber in eine umfassende Aufklärung zu stecken oder als Anreiz für die Geburt von Kindern auszugeben, scheint mein offenbar überfordertes Hausarztgehirn nicht zu begreifen. Doch da solche Forderungen seit Jahren gestellt werden und sich an der Zahl und Praktik der Schwangerschaftsabbrüche so gut wie nichts geändert hat, wird wohl auch in der Zukunft bei der ärztlichen Absegnung einer Abtreibung so manches Mal mein Kugelschreiber seufzen...

„Das Problem, ob Ihre Tochter schon die Pille nehmen soll oder nicht, das können Sie für die nächsten neun Monate erst mal vergessen."

Ärztlicher Alltag

Manchmal ist es auch recht amüsant

Der Medizinalltag ist trotz mancher kleiner Alltagswidrigkeiten und -ärgernisse und trotz des an sich doch ernsten Hintergrundes zum Glück auch manchmal mit lustigen, amüsanten oder auch zum Nachdenken anregenden Begebenheiten angefüllt, die einen Hauch von Leichtigkeit und Unbeschwertheit in den Berufsalltag tragen.

Dabei gibt es immer wieder einmal Situationen, die durch ihre unfreiwillige Komik eher in einen Slapstick-Film passen würden als dem „Ernst" und der „Würde" einer Allgemeinpraxis angemessen sind.

So gibt es zum Beispiel den seit Generationen erzählten Witz über einen Patienten, der die vom Arzt verordneten Zäpfchen fälschlicherweise oral inkorporierte. Wenn ich bisher gedacht hatte, daß diese Begebenheit der blühenden Phantasie eines Anekdotenerfinders entsprungen sein muß, so bin ich durch den Praxisalltag eines Besseren belehrt worden. Ich werde nie jenen denkwürdigen Tag in meiner Praxis vergessen, als eine meiner Arzthelferinnen fassungslos, bestürzt und völlig entgeistert in mein Sprechzimmer stürzte und berichtete: Herr L. (Herr L. ist ein fröhlicher, zufriedener und stets gut gelaunter Zerebralsklerotiker) sei am Empfang und bestünde darauf, gegen sein Rheuma wieder die wohlschmeckenden und sofort helfenden „Rheuma-Lutschtabletten“ verschrieben zu bekommen. Diese Wunderarznei, die alle bisher verordneten Antirheumatika um Längen geschlagen hatte, entpuppte sich bei einem Blick auf die Patientenkarte als Diclofenac-Suppositorien. An diesem Tag war die allgemeine Stimmung in meiner Praxis heiter und gelöst...

Oder ich denke an jene liebenswerte alte Dame weit jenseits der achtziger Jahre, die sich pünktlich alle drei Wochen zur Kontrolle ihres Blutzuckers in der Praxis einstellt. Diese nette alte Dame ist seit vielen Jahren hochgradig schwerhörig und besitzt mittlerweile eine ansehnliche Kollektion von 3 kassenärztlich verordneten Hörgeräten, die allesamt eine Gemeinsamkeit besitzen: Sie fristen geschlossen ein verborgenes Dasein in irgendwelchen Schränken und Schubladen und sind prinzipiell nie dort anzutreffen, wo sie eigentlich sein sollten: im Ohr der Patientin nämlich!

Wenn diese von allen Arzthelferinnen gerngesehene Patientin sich angemeldet hat, herrscht in der Praxis erwartungsvolle Spannung. Der Dialog zwischen Hausarzt und Patientin spielt sich dann etwa folgendermaßen ab: „Guten Morgen, Frau B., Ihr Blutzucker ist heute aber sehr hoch – haben Sie ‚gesündigt‘?“ Die alte Dame lächelt freundlich: „Guten Tag, Herr Doktor, hier bin ich wieder einmal! Ich habe meinen Blutzucker kontrollieren lassen.“ Darauf ich, nun schon etwas lauter: „Ihr Zucker ist heute zu hoch, Frau B.!!“ Die Reaktion ist ein gleichmäßig freundliches Lächeln. „Ich höre schon etwas schwer, Herr Doktor. Wie hoch ist denn mein Zucker heute?“ Mittlerweile leisten meine Stimmbänder in Zusammenarbeit mit dem Rekurrensnerv Schwerstarbeit, und ich brülle durch die Gegend, daß die an der Praxis zufällig vorbeigehenden Passanten irritiert stehenbleiben. „Ihr Zucker ist zu hoch!!!“ Das faltige, lächelnde Gesicht bleibt freundlich. „Nein, Herr Doktor, Zuckertabletten habe ich noch genug. Sind Sie mit meinem Zucker zufrieden?“ Ich nicke resignierend mit dem Kopf, krächze ein heiseres „Ja!“ und lächle ebenfalls. „Das ist schön, Herr Doktor, da freue ich mich. Ich hatte schon Angst, er sei heute höher, ich habe nämlich gestern ein Stück Kuchen gegessen!“

Wir verabschieden uns in absoluter Harmonie, ein wirklich perfektes Arzt-Patienten-Verhältnis ohne jede Complianceprobleme. „Auf Wiedersehen, Herr Doktor, in drei Wochen komme ich wieder – mit Ihnen kann man immer so gut reden...“ Diabetologen mögen mir verzeihen...

Es ist ein typischer Montagsgroßkampftag, die „Patientenschlacht“ neigt sich dem Sprechstundenende entgegen. Das Telefon schrillt, die eigenen Nerven kribbeln und vibrieren. Ein Patient schwenkt triumphierend eine mittelgroße Aktentasche und verkündet: „Herr Doktor, ich habe Ihnen einmal eine *Monographie* mitgebracht!“ Ich kann gerade noch ein „Mein Gott, muß das ausgerechnet heute sein!“ unterdrücken und entgegne freundlich, man möge mir das Werk doch dalassen, damit ich es abends in aller Ruhe studieren könne. Das Gesicht des Patienten wird merklich düster, sein Blick vereist – ich muß offenkundig irgend etwas Falsches gesagt haben. Um die Situation zu retten, gebe ich seufzend nach. „Na, dann wollen wir uns das zusammen einmal anschauen.“ Der Patient wird wieder freundlich, er öffnet seine Tasche und zückt einen dikken DIN-A4-Umschlag. Der Inhalt: das Ergebnis der von mir veranlaßten *Tomographie.* Ja, ja, die medizinische Nomenklatur ist manchmal wirklich nicht ganz einfach...

Beispiele der obenaufgeführten Art kommen täglich in jeder Praxis vor und können sicherlich von jedem Kollegen mit eigenen Anekdoten ergänzt werden. Es ist doch ein tröstlicher Gedanke, daß sich die Medizin im Alltag nicht immer nur ernst, würdevoll und statistisch doppelblind geprüft zeigt. Solche kleinen, an sich unwichtigen, aber doch amüsanten Begebenheiten des Alltags lassen auch für die Zukunft hoffen, daß die Medizin trotz aller moderner Technik doch noch „menschlich“, d. h. manchmal auch lustig und amüsant, bleiben kann...

Eine dringend notwendige Erfindung

Kennen Sie ein „Dolorimeter“?

Daß die Bewertung und Gewichtung von Krankheitssymptomen zwischen Patient und Hausarzt zum Teil erheblich differiert, dürfte hinlänglich bekannt und durch die Tatsache erklärt sein, daß der Arzt trotz massivster „Aufklärung“ der Patienten durch die gängigen Massenmedien doch immer noch einen leidlichen medizinischen Wissensvorsprung innehat. Was mir dennoch einige Patienten im Alltag an subjektiver Beschwerdeschilderung angeben, erfüllt mich immer wieder im Einzelfall mit Staunen, Ungläubigkeit, manchmal auch mit Fassungslosigkeit. Ein Beispiel: Das kommt ein zweiundsechzigjähriger adipöser Patient mit einer gerade noch kompensierten Herzinsuffizienz, instabiler Angina pectoris, Herzrhythmusstörungen und sämtlichen bekannten kardialen Risikofaktoren. Seit Wochen habe ich mich bemüht, unter Einsatz von Digitalis, Diuretika, ACE-Hemmern, Nitraten und Kalziumantagonisten seinen kardial desolaten Zustand zumindest derart zu stabilisieren, daß er schmerzfrei wird und wieder spazierengehen kann. Nun kommt er am frühern Morgen mit subdepressiv-düsterer Miene, die sich dem naß-feucht-nebligen Wetter draußen anpaßt, ins Sprechzimmer und läßt sich schwer in den Sessel fallen – ein Bild des Jammers! „Heute nacht hätte ich Sie fast gerufen, Herr Doktor! Ich habe Schmerzen gehabt, ich dachte, ich übersteh die Nacht nicht...!" Ein Schreck durchzuckt den Hausarzt. Ein erneuter Angina-pectoris-Anfall? Ein Prä-Infarkt-Syndrom? Rhythmusstörungen? Weit gefehlt! Mein Herz? Das ist prima, das merke ich nicht mehr! Aber ich habe mir gestern abend beim Zubettgehen den Zeh gestoßen – also nein, Herr Doktor, Schmerzen, Schmerrrzen..." Nun will ich nicht verhehlen, daß ein mit einer Bettkante kollidierter Zeh wehtut, wer hätte sich nicht schon irgendwann einmal Ellenbogen oder Schienbeinkante an irgendwelchen festen Gegenständen gerammt? Doch wie man nach wochenlangen heftigen Angina-pectoris-Anfällen und vital bedrohlicher Ruhedyspnoe einen leicht traumatisierten Zeh zum Anlaß nehmen kann, die Möglichkeit eines drohenden Ablebens zu diskutieren, wird für mich wohl ewig zu den Unwägbarkeiten mancher Patientenpsyche bei der Verarbeitung von Krankheitssymptomen gehören.

Oder ein anderes Beispiel: Eine Patientin mit bekanntem Asthma bronchiale, die medikamentös „ausgereizt" ist, nimmt mit leidender Miene vor dem Schreibtisch Platz. „Also, Herr Doktor, heute nacht hätte ich Sie fast gerufen, ich hatte den Telefonhörer schon in der Hand" (Wenn in diesem Zusammenhang übrigens alle „fast hätte ich Sie heut nacht gerufen"-Ankündigungen eines Sprechstundenvormittags auch in die Tat umgesetzt worden wären, hätte ich so manche Nacht im Quartal mein Quartier gleich im Auto aufschlagen können. Zum Glück sind es dann meist doch die medizinisch-indizierten Krankheitsbilder, die einen Nachtbesuch nötig machen) – ... ich hab' geglaubt, mein letztes

Stündchen habe geschlagen und ich müsse ersticken!" Ein neuer Asthmaanfall? Ein Status asthmaticus? Keine Spur – die Nase war wegen einer beginnenden Rhinitis verstopft (dies Schicksal teilt die Patientin an jenem Morgen mit ungefähr 70 % der Bevölkerung ihrer Stadt in Zeiten einer herrschenden Grippeepidemie), und ein Nasenspray war nicht zur Hand. „Also nein, Herr Doktor, diese Nase – fürrrchterlich...!"

Beispiele dieser oder ähnlicher Art, bei denen angesichts wirklich vorhandener ernster Grunderkrankungen der Patient wort- und gestenreich über „unerträgliche Beeinträchtigung seines Wohlbefindens" klagt, obgleich diese geschilderten Symptome angesichts der wirklich vorhandenen Grundkrankheit kaum einer Erwähnung bedürften, gibt es viele im Praxisalltag. Sicherlich sind sie teilweise Ausdruck einer Somatisierung psychischer Konfliktzustände, verbales Ventil für psychosomatische Erkrankungen oder reaktiv-depressive Verstimmungszustände – zum Teil sind sie jedoch ein für den Arzt doch immer wieder verblüffendes Beispiel einer Fehlinterpretation von Symptomen durch den (medienverunsicherten?) Patienten.

Hiervon streng abzutrennen ist jedoch jene andere Gruppe von „unerträglichen Schmerzzuständen" und „vital bedrohlichen Befindlichkeitsstörungen", denen sich trotz intensivster Diagnostik nicht so recht ein Krankheitsbild zuordnen lassen will. Da kommt dann etwa jener knackige Mittzwanziger in der Blüte seiner Jahre, dessen objektiver Gesundheitszustand nach den bisher gemachten hausärztlichen Erfahrungen umgekehrt propotional zu seiner subjektiv vorhandenen Arbeitslust steht. Wenn ich dann diesen Patienten, der noch in der Vormittagssprechstunde über „tierische Rückenschmerzen“ gestöhnt hatte, am Nachmittag friedlich und guten Mutes durch die Stadt laufen sehe, frage ich mich manchmal doch etwas kritisch, ob diese offensichtliche „Wunderheilung“ meiner herausragenden ärztlichen Kunst, der von mir ausgestellten gelben Arbeitsunfähigkeitsbescheinigung oder einer leichten Übertreibung vorhandener Rückenunbill am Vormittag zustande gekommen ist. Es ist in diesem Zusammenhang immer wieder einmal erstaunlich, wie so manche Patienten, die wie ein Häufchen Unglück schwerkrank in die hausärztlichen Sprechzimmer schleichen, ohne jede medizinische Therapie allein durch Auflegen einer Arbeitsunfähigkeitsbescheinigung auf die „unerträglich stechenden Schmerzpunkte“ schlagartig gebessert und geheilt werden können. Ich wünschte mir für diese Patienten im Sprechstundenalltag häufiger, daß die moderne Medizin neben Kernspintomographen und ähnlichen Wunderwerken doch endlich einmal jenes Gerät erfinden möchte, das mehr als jedes Ultraschallgerät den Praxisalltag revolutionieren würde:

Ich meine ein Dolorimeter, ein Gerät also, mit dem eine objektive Schmerzbewertung möglich ist und das „arbeitsunwillige Spreu“ vom „wirklich erkranktem Weizen“ trennen hilft. Wem es gelänge, ein solches Gerät für die Praxis des niedergelassenen Arztes zu entwickeln, dem würde die Verleihung des „goldenen Aesculapsstabes“ und ein Hauch von hausärztlicher Unsterblichkeit gewiß sein...!

Haben Sie Angst vor Hunden?

Man sagt im Volksmund zwar so gemeinhin, daß vor allem Briefträger bei der Verteilung der täglichen Post ein ausgesprochen gespaltenes, distanziertes oder sogar estörtes Verhältnis zu den Hunden ihrer Kunden hätten, doch manchmal bin ich mir nicht ganz so sicher, ob man diese Aussage nicht auch auf niedergelassene Ärzte im Rahmen ihrer Hausbesuchstätigkeit ausdehnen könnte.

Da es bei uns auf dem Lande noch fast die Regel ist, einen Hund zum Schutz für Haus und Grundstück zu halten, überblicke ich im Laufe der Jahre bei meinen Patienten eine ansehnliche Kollektion von Hunden der verschiedensten Größen, unterschiedlicher Temperamente und gegensätzlicher Charaktere.

Ich muß vorwegschicken, daß ich – obwohl nicht selbst Besitzer eines Vierbeiners – zu Hunden prinzipiell ein ausgesprochen wohlwollendes und harmonisches Verhältnis habe, vielleicht mit der kleinen Einschränkung, daß diese meine uneingeschränkte Zuneigung nur so lange gilt, wie mir die vierbeinigen Lieblinge meiner Patienten nicht – aus was für Motiven auch immer – ihre feucht-schlabberige Zunge um die Nase schlagen oder durch ein undefinierbares Knurren zu erkennen geben, daß sie sich zwischen ihrem Futternapf und meiner Wadenmuskulatur noch nicht entschieden haben.

Doch im Laufe der Jahre gewöhnt man sich an so manchen Hund seiner Patienten, der noch bei der ersten Begegnung ganz so tat, als wollte er das Problem einer Ärzteschwemme auf drastische Art lösen. Gewöhnt habe ich mich mittlerweile auch an jene hübsche Colliehündin, die ganz offensichtlich an mir einen Narren gefressen hat und bei jedem Hausbesuch in die Vertikale schnellt und mir zur Begrüßung ihre Vorderpfote auf die Schulter legt.

Dennoch muß ich gestehen, daß ich vor einigen meiner Patientenhunde nach wie vor ein gerüttelt Maß an Respekt besitze. Ob hier auch irgendwelche unbewußten frühkindlichen Hunde-Psychotraumata mitspielen, wage ich nicht zu entscheiden. Doch bei einigen meiner ländlichen Gehöfte beschleicht mich auch jetzt nach etlichen Jahren noch ein leises Unbehagen, wenn ich anläßlich eines Routinebesuches plötzlich einem frei herumlaufenden großen schwarzen Schäferhund begegne, der mir sein Gebiß demonstriert und mißtrauisch meinen Arztkoffer mustert – oder wenn jene kleine, giftig dreinschauende Promenadenmischung schnüffelnden Kontakt zu meinen Jeans aufnimmt.

Nachdem ich zum ersten Mal von einem braunen Rauhhaardackel gebissen worden bin („...er wollte sicher nur spielen, Herr Doktor, der tut sonst nie etwas"), lösen bei mir unbekannte Hunde auf Hausbesuchen ein leichtes Kräuseln meiner Nackenhaare aus. Dabei haben auch die stets stereotyp wiederholten Aussagen der Patienten, daß „ich keinerlei Angst zu haben brauchte, der Hund tue niemandem etwas“, kaum einen beruhigenden Einfluß auf meine hundebedingten psychovegetativen Fehlregulationen, da ich noch nie einen Hundebesitzer kennengelernt habe, der von seinem vierbeinigen Gefährten etwas anderes als beispielhafte Wohlerzogenheit behauptet hätte. Doch leider ist irgendwann im Leben schließlich immer das erste Mal, und sei es der Hundebiß eines bis dahin so ruhigen und friedlichen Tierchens. Auch sind die guten Ratschläge von Patienten, man möge ihren Hund doch nur mit ruhigen Worten ansprechen, nicht immer nützlich und praktikabel, da mich einige Hunde durch ihr permanentes Bellen gar nicht erst zu Wort kommen lassen.

Hunde scheinen ganz offensichtlich auch mit unterschiedlichen Intelligenzquotienten ausgestattet zu sein. Während mich einige (möglicherweise einer akademischen Hunde-Oberschicht angehörend) spätestens ab dem dritten Besuch als Teil des Alltags ihrer Besitzerfamilie akzeptiert haben und mich bei Routinebesuchen bestenfalls mit einem angedeuteten Begrüßungsbellen würdigen, so gebärden sich wiederum andere, vielleicht weniger lernfähige Hunde auch im achten Jahr meiner Niederlassung bei jeder Visite so, als wolle ich Monat für Monat das Tafelsilber aus der Wohnstube entwenden.

Manchmal allerdings gibt es Situationen, in denen mir ganz offensichtlich das nötige Verständnis für die Psyche des vierbeinigen Familiensonnenscheins sowie seines Herrchens oder Frauchens fehlt. Da werde ich dann etwa mitten in der Nacht zu einer Patientin mit bekannter Cholelithiasis gerufen, die nach Genuß eines Räucheraales („...so fett war er eigentlich gar nicht, Herr Doktor!“) wieder einmal mit heftigen Koliken reagiert hat.

Die Anamnese ist eindeutig, der klinische Befund ebenso, die von der Patientin ersehnte Buscopan-Spritze ist bereits aufgezogen, und dem hausärztlichen Einsatz stünde an sich nichts mehr im Wege – wenn, ja wenn nicht ein kleiner giftiger Rauhhaarterrier vor dem Bett seines Frauchens wachte und jeden Annäherungsversuch des Hausarztes an Frauchens Vene mit sprungbereitem Bellen begleiten würde. Der Ehemann steht hilflos daneben und versucht dem Hündchen mit Logik klarzumachen, daß der Arzt dem Frauchen ganz bestimmt nichts Böses tun wolle, ganz im Gegenteil, daß er (der Hund nämlich) doch ein ausgesprochen braver Hund sei und nun doch bitte zum Wohle Frauchens den Arzt injizieren lassen solle – das brave Hundchen scheint das alles nicht so ganz einzusehen, es bellt und bellt und knurrt und ist nur mit großer Mühe und viel vergeudeter Zeit aus dem ehelichen Schlafgemach zu entfernen. Und wenn auch die Patientin unter Mithilfe ihres Hundes ihre Gallenkolik ein paar Minuten länger „ausgekostet“ hat, ist sie dennoch voller Zustimmung und Rührung für ihren vierbeinigen Liebling. Für einige Hundebesitzer fehlt mir ganz offensichtlich das nötige Verständnis!

Dabei wäre ich vor kurzem fast selbst Hundebesitzer geworden. Nachdem in den letzten Monaten in unserer Wohngegend häufiger eingebrochen worden war, beschloß der Familienrat unter tätiger Mitwirkung meiner Kinder (die seit Jahren für die Anschaffung eines eigenen Hundes plädieren), daß endlich etwas zum Schutz des Hauses getan werden müßte. Dieser Überlegung konnte ich mich natürlich nicht verschließen – aber ich entschloß mich nach reiflicher Überlegung letztlich doch zum Erwerb einer ultraschallgesteuerten Alarmanlage. Vielleicht habe ich tatsächlich eine frühkindlich erworbene Hundeneurose!

Zum Aus-der-Haut-Fahren

Kennen Sie solche Gespräche?

Eine wichtige Voraussetzung für ein harmonisches Arzt-Patienten-Verhältnis und damit eine optimale ambulante medizinische Betreuung des Patienten ist, daß Arzt und Patient sich gut verstehen. Diese Forderung eines Sich-gut-Verstehens beinhaltet neben einer persönlichen Harmonie auch die unabdingbare Voraussetzung, sich mittels verbaler Kommunikation hinlänglich verständlich machen zu können. Wenn ich jedoch so einige Dialoge zwischen meinen Patienten und mir kritisch analysiere, kommen mir manchmal Zweifel, ob ich wirklich dieselbe Sprache wie einige meiner Patienten spreche und ob sich nicht die Neurotransmittersubstanzen in meinen zerebralen Sprach- und Verarbeitungsstrukturen von denen des Patienten grundlegend unterscheiden.

Ein Beispiel: Mitten in der laufenden Sprechstunde stellt eine Arzthelferin leicht verunsichert ein Telefongespräch zu mir durch, da Herr M. einen sofortigen Hausbesuch bestellt und sie nicht so recht verstanden habe, um was es sich eigentlich handele. Zwischen Herrn M. und mir entspinnt sich dann in etwa der folgende Dialog: „Guten Morgen, Herr M., was haben Sie denn für Beschwerden?“ – „Ich bin ja so krank, Herr

Doktor, Sie müssen kommen." – „Und seit wann sind Sie krank, Herr M.?" – „Ach, das geht schon einige Tage." – „Ja, was haben Sie denn für Beschwerden, sind Sie erkältet, haben Sie Fieber?" – „Erkältet war ich vor drei Wochen, und Fieber habe ich nie." – „Haben Sie denn trotzdem Fieber gemessen?" – „Ich habe kein Fieberthermometer, ich brauche auch keins, ich habe nie Fieber." – „Aber Herr M., Sie müssen mir schon etwas genauer sagen, warum ich mitten in der laufenden Sprechstunde zu Ihnen kommen soll. Haben Sie Schmerzen?" – „Mir tut alles weh, Herr Doktor!" – Mein Ton ist wohl etwas ungeduldiger geworden. „Herr M., ich weiß bis jetzt, offen gestanden, immer noch nicht genau, weshalb Sie anrufen." – „Ja, ich weiß doch auch nicht, was für eine Krankheit ich habe, ich bin doch nicht der Arzt." Mittlerweile habe ich resigniert, irgendwie muß auf dem Wege vom Patienten zu mir in der Telefonleitung ein Verständnis-Zerhacker eingebaut sein. „Hat das nicht Zeit bis nach der Sprechstunde, Herr M.?" – „Wenn Sie das verantworten können, Herr Doktor ... Ich bin ja sooo krank!" Und also fahre ich ergeben los, während sich die Patienten im Wartezimmer stapeln ... Oder ein anderes Beispiel: Eine vierundfünfzigjährige Patientin mit seit Jahren bekanntem Hypertonus klagt über Kopfschmerzen, Ohrensausen und Schwindel – der gemessene Blutdruck beträgt 230/125 mm Hg. Dies ist mir unverständlich, da die Patientin mit einer Kombination aus Betablocker plus Saluretikum plus Hydralazin bestens eingestellt war. „Haben Sie Ihre Blutdrucktabletten regelmäßig eingenommen, Frau H.?" Frau H. ist entrüstet: „Ich nehme immer meine Tabletten regelmäßig ein, Herr Doktor! So wie Sie es gesagt haben, da bin ich sehr genau, so etwas gibt es bei mir nicht!" „Haben Sie denn heute morgen schon Ihre Tabletten genommen?" – „Also heute morgen noch nicht, das kann schon sein." – „Und gestern?" – „Ja gestern wohl auch nicht." „Ja, wann haben Sie denn zuletzt Ihre Tabletten eingenommen?" – „Oochch, das ist schon eine Weile her, vielleicht so drei bis vier Wochen." – „Und warum haben Sie Ihre Tabletten nicht regelmäßig eingenommen? Sie wissen doch, daß Sie wegen Ihres hohen Blutdrucks jeden Morgen Ihre Tablette pünktlich einnehmen müssen?" – „Ich hatte keine mehr, sie waren alle." An dieser Stelle erfolgt wieder einmal mein Auftritt als geduldig aufklärender Hausarzt, ich erzähle Frau H. zum x-ten Mal im laufenden Jahr über die Gefahren eines hohen Blutdruckes und daß sie unbedingt jeden Morgen eine Tablette einnehmen müsse. „Aber mein Blutdruck war doch letztes Mal so gut!" – „Ja, aber doch nur deshalb, weil Sie Ihre Tabletten eingenommen hatten. Ihre Beschwerden heute kommen vom zu hohen Blutdruck, weil Sie keine Tabletten eingenommen haben." – „Ja, wie sollt' ich das denn, sie waren doch alle ...!" Ein Hausarzt braucht Geduld, ein dickes Fell und gute Nerven ...

Dialoge dieser Art kommen auch jeden Tag zwischen meinen Arzthelferinnen und einigen Patienten vor. Da kommt etwa der Patient unangemeldet in die laufende Sprechstunde. „Hatten Sie für heute einen Termin?" fragt eine Arzthelferin freundlich. „Nein!" – „Ob Sie vielleicht beim nächsten Mal vorher kurz anrufen und sich einen Termin geben lassen könnten, damit Sie nicht unnötig warten müssen?" fügt meine Mitarbeiterin freundlich hinzu, während sie die Personalien aufnimmt. „Ich kann ja schließlich nicht eine Woche vorher wissen, daß ich ausgerechnet heute krank werde!" – „Nein, das sollen Sie doch auch nicht, aber wenn Sie Schmerzen haben und einen Arzt brauchen, rufen Sie doch kurz vorher an, damit wir Ihnen am selben Morgen noch einen Termin geben können, an dem Sie mit Ihren Schmerzen nicht warten müssen. Jetzt ist es voll, und es wird ein bißchen dauern, bis wir Sie irgendwo zwischenschieben können." – „Wenn ich Schmerzen habe, will ich keine langen Telefongespräche führen, sondern ich will, daß der Arzt mir hilft! Und wenn man mir hier nicht helfen will, muß ich eben woanders hingehen." Ich bewundere die unendliche Geduld und niemals endende Freundlichkeit meiner Arzthelferinnen am Praxisempfang.

Ähnliche Beispiele und Szenen aus der Chronik eines Praxisalltags dürfte jeder Kollege beisteuern können. Es gibt manchmal wirklich Slapstick-Dialoge zwischen meinen Patienten und mir, bei denen ich im nachhinein nicht so recht weiß, ob ich nun lachen oder weinen soll. Es ist wirklich faszinierend, wie man gelegentlich trotz Benutzung derselben Sprache so völlig nebeneinander herreden kann, ohne sich wirklich zu verstehen. Manchmal frage ich mich nach solchen Szenen, ob einige Patienten nicht verstehen können oder nicht verstehen wollen. Der gemeinsame Gebrauch der deutschen Sprache scheint keinerlei Gewähr dafür zu bieten, eine einvernehmliche und von Mißverständnissen freie Kommunikation zwischen Arzt und Patient hervorzubringen.

Bin ich Hausarzt oder Verwaltungsangestellter?

Wenn man als Inhaber einer Praxis von bestimmter Scheinzahl und Größe an aufwärts nicht Gefahr laufen will, auf die Dauer der Berufsjahre als Sklave seiner Arbeit allmählich physisch-psychisch aufgezehrt zu werden, muß man sich organisatorisch schon etwas einfallen lassen. Doch obwohl ich in den letzten Jahren – angeregt durch etliche Broschüren und Seminare über rationelle Praxisführung – sehr viele der angegebenen Tips und Tricks verwirklicht und nach eigenem Dafürhalten eine leidlich gut funktionierende Praxisorganisation habe, so muß ich dennoch manchmal resignierend feststellen, daß offensichtlich der neben der reinen Medizin anfallende verwaltungstechnisch bedingte Papierwust überproportional schneller ansteigt, als ich dies durch organisatorische Verbesserung und zeitliche Straffung meiner rein medizinischen Tätigkeit auffangen kann.

Denn nach Beendigung der Sprechstundentätigkeit müssen die täglichen „Hausarbeiten des Kassenarztes“ erledigt werden – die Aufarbeitung eines täglich wachsenden Berges von Anfragen jeglicher Art, die meist auch noch mit dem provozierenden Vermerk „eilt!“ versehen sind. Hausarbeiten haben bei mir schon zu Pennälerzeiten kein besonderes Maß an Lustgewinn hervorgerufen – an dieser Einstellung hat sich bis zum heutigen Tag nicht sehr viel verändert.

Zahlenmäßig an erster Stelle zu nennen sind jene lieblichen Anfragen vom Versorgungsamt, in denen es um irgendwelche Prozentpunkte nach dem Schwerbehindertengesetz geht. Dieses Gesetz, so sinnvoll es vielleicht auch einmal von den Erfindern gedacht gewesen sein mag, ist mittlerweile in meiner Praxis zu einem „Freizeitvernichtungsgesetz für Hausärzte" geworden. Ich weiß nicht, ob ich in einer ausgesprochen „schwerbeschädigten Region" lebe oder ob andere Kollegen auch mit einer derartigen Anfrageflut von diesen Ämtern bombardiert werden. Ich habe manchmal den leisen Verdacht, daß einige meiner Patienten parallel mit dem Erreichen der Mündigkeit mit dem systematischen Sammeln von Schwerbehindertenprozenten beginnen, um später rechtzeitig den Sprung aus dem Arbeitsleben in die Rente in Angriff nehmen zu können.

Da werde ich also zu einem Befundbericht über einen zweiundzwanzigjährigen Patienten gebeten, der in seinem Antrag an das Versorgungsamt über „Rückenschmerzen" klagt und nach meinen Aufzeichnungen gelegentlich wegen eines Morbus Scheuermann in Behandlung war; da führt ein Fünfundzwanzigjähriger seine Appendektomienarbe an, und ein anderer klagt über seinen Heuschnupfen. Doch statt solchem medizinischen Schwachsinn dadurch ein Ende zu bereiten, daß man diese Art von Anträgen auf Schwerbehinderung ohne großen Zeitverlust für alle Beteiligten in den Papierkorb wirft, muß ich mich nach zwölf Stunden

Praxisalltag in Gesellschaft meines Diktiergerätes mit diesem bürokratischem Unsinn auch noch gedanklich auseinandersetzen.

Mir tun oftmals die Kollegen auf den Versorgungsämtern leid, die sich tagein, tagaus mit jener teilweise hanebüchenen Prozentpunkt-Sammelleidenschaft einiger Patienten beschäftigen müssen und aus meinen – zugegeben lieblos – hingeworfenen Diagnosefragmenten ein Urteil über die prozentuale Schwerbeschädigung eines ihnen völlig unbekannten Patienten fällen müssen.

Da bittet eine Versicherung um einen ausführlichen Befundbericht (aber ohne Untersuchung!) über den Patienten X, den ich vor zweieinhalb Jahren zuletzt gesehen habe. Während ich mich mühsam und zeitaufwendig durch die Karte und Akte dieses Patienten wühle und das mir von der Versicherung angebotene Honorar von DM achtzehn mit dem Multiplikator drei versehe und rot unterstreiche, hoffe ich im stillen, daß diese meine Honorarforderung nicht wieder einen neuen zeitaufwendigen Schriftwechsel nach sich ziehen möge.

Da sind ein halbes Dutzend Kuranträge zu stellen, je nach Krankenkassenzugehörigkeit natürlich in völlig unterschiedlicher Ausfertigung; da muß ich zu einem Hundebiß Stellung beziehen, der sich acht Monate zuvor abgespielt hat; da soll ich einer zum wiederholten Mal von ihrem alkoholisierten Ehemann verprügelten Frau unbedingt bis morgen früh ein ärztliches Attest über ihre Verletzungen erstellen, damit sie endlich die Scheidung einreichen kann (vielleicht feiern sie jetzt gerade feucht-fröhliche Versöhnung, und dieses Attest wird vielleicht niemals abgeholt); ein Rechtsanwalt möchte zur Interessenvertretung seines Mandanten die Stellungnahme zu der Frage, warum es damals vor einem halben Jahr zu einem derart zögernden Heilungsverlauf gekommen sei.

Eine Krankenkasse schickt mir das Schreiben eines meiner Patienten, der um eine Ausnahmegenehmigung für die Verordnung von Halsschmerztabletten und Rachengurgelmittel bittet, da er nur hierdurch bei seinem bekannten Asthma bronchopulmonale Komplikationen verhindern könne. Während sich bei dieser Art von entbehrlicher Anfrage unter dem Stichwort „Hausarzt-Beschäftigungstherapie“ mein Magenvagus verknotet, schreibe ich an die Krankenkasse höflich zurück, daß die Herausnahme von Halsschmerz-Lutschtabletten aus der Liste von verordnungsfähigen Medikamenten zu Lasten der Krankenkasse nicht auf meine Veranlassung geschehen sei. (Wenig später hat der Patient übrigens seine Ausnahmegenehmigung, fortan darf er Halsschmerztabletten auf Krankenkassenrezept beziehen – es lebe die Knappschaft Hannover mit ihrem Beitrag zur Anwendung geltender Gesetze und damit zur Kostendämpfung im Gesundheitswesen!)

Anfragen von Haftpflicht-, Unfall-, Lebens- und Krankenversicherungen, Anfragen von Arbeitsämtern, Rentenversicherungsträgern, Berufsgenossenschaften, Krankenkassen und Sozialgerichten – es ist immer wieder erstaunlich, wie viele Institutionen es im Gesundheitswesen gibt, die beim Hausarzt Auskunft erhalten möchten. Bin ich eigentlich Arzt oder Verwaltungsangestellter?

Störquelle Nr. 1

Das Telefon in der Arztfamilie

Es gibt kaum einen zweiten Beruf, der so gravierend in die Freizeit- und Privatsphäre eingreift wie den des niedergelassenen Hausarztes. Dabei ist es vor allem ein technisches Gerät, das durch seine permanente Allgegenwart die Freizeit des Arztes entscheidend beeinflußt und mitprägt – ich meine das Telefon, das die Woche hindurch eine ständige Rund-um-die-Uhr- und meine Bereitschaft für Notfälle garantiert. Ich weiß nicht, ob die Herren Bell, Edison und Hughes damals wirklich vorausgeahnt haben, was sie mit ihrer Erfindung des Telefons später einmal für einen Störfaktor in den Familien von Hausärzten schaffen würden.

Das Telefon – Segen und Fluch des niedergelassenen Arztes. Denn so praktisch und angenehm es manchmal auch ist, selbst jederzeit in Sekundenschnelle einen potentiellen Gesprächspartner anrufen zu können, so unangenehm und belästigend ist es andererseits aber auch, daß diese telefonische Kontaktaufnahme auch andersherum jederzeit möglich ist und den Patienten die Möglichkeit bietet, Tag und Nacht und jederzeit ihren Hausarzt anzurufen. Das Telefon ist wirklich der Unruhe- und Störfaktor Nummer eins in jeder Hausarztfamilie.

So habe ich in meinem Wohnhaus manchmal den leisen Verdacht, daß mein Telefon mit dem Warmwasserhahn der Dusche gekoppelt sein muß. Wenn ich für jedes Telefonklingeln, das mich in milder Feierabendstimmung unter der Dusche hervorscheucht, von der Kasse eine Extra-Störungspauschale ausgezahlt bekäme, würde ich mir im Quartal ein erkleckliches Taschengeld nebenbei verdienen. Und wenn auch sonst im Alltag meist meine Kinder bei jedem Klingeln wie Geier auf ihre Beute auf das Telefon stürzen – in solch unpassenden Duschminuten läuft mit Sicherheit im Fernsehen irgendein Zeichentrickfilm, so daß sich für das Telefon außer mir niemand mehr zuständig fühlt. Drücke ich dann, triefnaß über die Diele platschend, meine Empörung über die Telefonignoranz aus, bekomme ich bestenfalls ein entschuldigendes „Ist doch meistens für dich!“ oder ein unschuldsvolles „Hat das Telefon geklingelt?“ zur Antwort.

Auch habe ich bis heute nicht herausbekommen, nach welch geheimnisvollen Kriterien das Telefon immer dann klingelt, wenn ich an sich meine ungeteilte Aufmerksamkeit dem Frühstück, Mittagessen oder Abendbrot zuwenden möchte.

Wie oft ich im Laufe der Jahre aus Sportsendungen per Telefon herausgerufen wurde und nach der Rückkehr vom Hausbesuch lediglich das Endergebnis des Fußballeuropapokalspiels mitgeteilt bekam, wie oft ich unter aktiver Mithilfe des Telefons entscheidende Tore oder die Auflösung von spannenden Kriminalfilmen versäumt habe – ich habe längst aufgegeben, mir darüber Gedanken zu machen. Ich freue mich mittlerweile in erlernter Bescheidenheit und fatalistischer Dankbarkeit über jedes im Fernsehen gezeigte Sportereignis oder Theaterstück, das mich mein Telefon gnädigerweise bis zum Schluß sehen läßt.

Bei so viel technischer Perfektion und kühler Unpersönlichkeit ist es natürlich auch selbstverständlich, daß ein Fernsprechapparat vor der Privat- und Intimsphäre des Arztes nicht haltmacht. Ich habe mich eigentlich immer schon gewundert, daß es noch niemals eine wissenschaftliche Arbeit über das Thema „Der Einfluß des Telefons auf die Geburtenrate in Arztfamilien" gegeben hat. Doch allein die Vorstellung, daß an einem normalen Werk- und damit Nachtbereitschaftstag jegliche über ein bloßes Gespräch hinausgehende Form ehelicher Kommunikationsaufnahme durch ein schrilles Telefonklingeln jäh gestört und unterbrochen werden könnte, die Vorstellung, daß ein kleines rotes klingelndes Etwas im absolut unpassenden Moment stimmungstötend den Berufsalltag in das Gedächtnis des Hausarztes zurückrufen könnte – diese Vorstellung läßt potentiell-frivole Gedanken der oben erwähnten Art unter dem Stichwort „alltags nie" gar nicht erst aufkommen. Das Telefon – absolut sichere und nebenwirkungsarme präkonzeptionelle Verhütungsmethode in Hausarztfamilien. Wäre das nicht einmal ein lebens- und – Äskulap sei's geklagt – praxisnahes Dissertationsthema? Ach, wenn einige Patienten doch wüßten, was sie mit ihren abendlichen Telefonanrufen so mancher Arztehe antun können...

Manchmal wünschte ich mir wirklich, daß Hausbesuchsanforderungen von Patienten nicht durch ein schrilles Telefonklingeln, sondern vielmehr durch leise einschwebende Brieftauben oder ohren- und nervenschonende Rauchsignale oder Leuchtraketen erfolgen würden. Doch diese Art der Besuchsanforderung in Notfällen dürfte in der heutigen Zeit nur schwer praktikabel sein.

Es gibt an sich nur einen Moment, in dem ich aus meiner Sklavenrolle dem Telefon gegenüber herausschlüpfe und mich mit meinem Bereitschaftstelefon in idealer Harmonie und kompletter Eintracht befinde. Dies ist am Samstagmorgen um sieben Uhr früh der Fall, wenn in unserer Stadt der Wochenendnotdienst beginnt und ich mittels eines kleinen umzulegenden Hebels genußvoll meiner Fernsprecheinrichtung für achtundvierzig Stunden den Ton abdrehe. Es ist doch immer wieder ein erhebendes und beglückendes Gefühl, für zwei volle Tage durch jedes Klingeln ungestört all die Dinge erledigen zu können, die es noch neben Beruf und Praxis gibt. Manchmal sind es im Leben halt die kleinen Dinge wie etwa das Abstellen einer Telefonklingel, die Ruhe und Zufriedenheit schaffen und das Dasein freundlich gestalten. In solchen Momenten kann selbst der Gedanke nicht schrecken, daß sich das Telefon für die akustische Zwangspause am folgenden Montag wahrscheinlich wieder einmal mit erhöhter Klingelfrequenz rächen wird!

Ich möchte keine Arztfrau sein ...

Was mir beim Studium sämtlicher Medizinzeitschriften und Standesblätter immer wieder als erstaunlich bis kaum verständlich auffällt, ist die Tatsache, daß es eine wichtige Berufsgruppe in unserem Gesundheitssystem gibt, die in der Medizinpublizistik in keiner Weise den Stellenwert erhält, der ihr auf Grund ihrer Bedeutung eigentlich zustehen müßte. Ob dies daran liegt, daß diese spezifische Berufssparte gewerkschaftlich mangelhaft organisiert ist oder, durch äußere Umstände gezwungen, lieber im Hintergrund agiert, vermag ich nicht zu entscheiden. Ich spreche von einer wichtigen Stütze unseres Gesundheitssystems, die durch fortlaufende Rund-um-die-Uhr-Bereitschaft die ambulante medizinische Versorgung der Bevölkerung mitgarantiert, ohne deshalb jemals mit irgendeiner berechtigten Honorarforderung an die Öffentlichkeit zu treten – ich meine die Gruppe der Arztehefrauen. Hierbei denke ich zunächst an jene beneidenswerten Kollegen, auf die das Schicksal sein Füllhorn voll Glück und Holdseligkeit in Gestalt einer ebenfalls mitpraktizierenden „medizinischen Ehefrau“ ausgeschüttet hat, die den Praxisinhaber bei Nachtbereitschaft, Krankheit oder Fortbildungsabwesenheit vertreten kann. Ich denke aber vor allem auch an die anderen Damen mit vorher

„medizinfremdem Lebensweg", die durch Zufall, Schicksal, Vorsehung oder einfach Liebe völlig fachfremd in den Status einer Arztehefrau „hineingeschlittert" sind.

Nun mag es sicher schwerere Schicksalsschläge als diesen geben – leicht ist dieser Job aber auf Grund seiner vielfachen Belastung als Ehefrau, Mutter, Hausfrau und im Hintergrund wirkende „Praxisfee" weiß Gott nicht! Ich muß für meinen persönlichen Lebensbereich offen zugeben, daß es einige etwas unangenehme Dinge im Praxisalltag gibt, die ich nicht ganz uneigennützig und nur zu gerne und bereitwillig in den Kompetenzbereich meiner medizinfachfremden Ehefrau übertragen habe. So gibt es leider immer wieder einige wenige Patienten, die trotz mancher wiederholter freundlicher Belehrungen nicht begreifen können, daß auch der Hausarzt gelegentlich einmal einen Hauch von Privatleben haben möchte, sondern die vielmehr ihren Hausarzt als persönliches Eigentum betrachten, über das sie stets und ständig und zu jeder Tages- und Nachtzeit frei verfügen dürfen. Wenn dann einmal wieder frühmorgens um sechs Uhr das Telefon schrillt und eine morgenfrisch-ausgeruhte Stimme um einen Termin für die Vormittagssprechstunde bittet, oder wenn wieder einmal spätabends ein Patient um die Bekanntgabe seiner Laborergebnisse bittet, die er tagsüber abzurufen völlig vergessen hatte, da er in seinem Beruf immer sehr beschäftigt sei – wohl dem Arzt, der dann eine Ehefrau hat, die mit pfeilspitzem Diskant in der Stimme höflich aber bestimmt in den Telefonhörer flötet, man möge doch fürderhin Anfragen dieser Art zu christlichen Zeiten an den bekannten Praxisöffnungsstunden vortragen. Durch diese Rolle als „Telefondrache“ behält der Praxisinhaber sein bekannt freundlich-ausgeglichenes Hausarzt-Image, während die Ehefrau einen mehr oder weniger erfolgreichen Kampf zur Rettung eines Zipfelchens von Privat- und Intimsphäre führt.

Ferner gibt es auch immer wieder einmal im Praxis-Personal-Alltag auftretende „Wegräumnachlässigkeiten“ oder „Sauberkeits-Widrigkeiten“ in Form von sich türmenden Aktenbergen oder Facharztberichten, auszusortierenden Medikamentenstapeln oder zwischen den Reagenzgläsern sich ansammelnden Staubhäufchen. Dies sind Dinge, die ich in der Hektik der Praxissprechstunde einfach nicht sehe (vielleicht manchmal auch nicht sehen möchte) – wie gut, daß in solchen Fällen dann die Ehefrau als „Putzteufel-Oberaufsicht“ oder „Ordnungszerberus“ auftreten kann. Eine andere Nebentätigkeit meiner Ehefrau sei unter dem Stichwort „praxisbedingte Finanzverwaltung im Alltag“ angeschnitten. Die Vorstellung, nach zwölf Stunden Alltag in der kargen Freizeit einen Kleinkrieg mit auszufüllenden Banküberweisungen, steuerlichen Nachfragen oder ähnlichen Papierformular-Teufeleien zu beginnen, ließ mich schon vor Jahren bereitwillig sämtliche Vollmachten an meine buchführende Ehefrau abtreten. So gehöre ich deshalb heute zu den wenigen glücklichen Menschen auf diesem Planeten, denen finanzielle Nöte völlig fremd sind, da ich nie auch nur einen Pfennig Geld bei mir trage, den augenblicklichen Aufenthaltsort meines Scheckbuches nicht einmal erahne und bereits seit langer Zeit die Übersicht über meine diversen Bankkonten und Schuldenberge verloren habe.

So muß ich zusammenfassend für meinen eigenen Lebensbereich zugestehen, daß gerade von der Arzteheefrau doch ein erheblich größeres Maß an Toleranz und persönlichem Einsatz für den Beruf des Ehemanns verlangt wird, als dies sicher für viele andere berufstätige Ehefrauen mit Männern in weniger zeitaufwendigem Beruf der Fall ist.

Meine praxisbedingten, gelegentlichen Stippvisiten in Familie und Haushalt dürften dabei kaum jenen hohen Ansprüchen von klugen und professionellen Ehebuchverfassern genügen, die in einer gerechten Verteilung der Tätigkeiten in Haushalt und Kindererziehung zwischen Mann und Frau die Voraussetzung für eine ideale und gut funktionierende Ehe sehen. (Ein schwacher Trost mag hierbei sein, daß dies in anderen Arztfamilien mit niedergelassenem selbständigem männlichem Part nicht viel anders sein dürfte.) Die Entlohnung der Mutter meiner Kinder für all die oben aufgeführten arzteheefraubedingten Nebentätigkeiten, die an sich mehrere Berufe in einer Person vereinen, ist zudem auch nicht gerade fürstlich. Neben gelegentlichen ideellen Zuwendungen (die sich leider auch trotz immer wieder neugefaßter guter Vorsätze im Ehe- und Praxisalltag leicht abschleifen), ergibt sich eine steuerlich bedingte materielle Abfindung von z. Z. genau vierhundert Mark pro Monat plus einhundert Mark Weihnachtsgeld.

Wenn ich all dies kritisch würdige, wäre ich mir im Falle eines fiktiven Geschlechtsrollentausches gar nicht so sicher, ob ich bei freier Auswahl unbedingt einen Arzt wie mich als Lebensgefährten für die Ewigkeit wählen würde.

Aber Dein Vater ist doch Arzt...

Daß uns Ärzten in den Augen unserer Patientenumwelt nicht mehr unbedingt das Image der Unantastbarkeit anhaftet und daß man unsere Tätigkeit sehr oft weniger mit dem Putzen des Äskulapstabes als vielmehr mit dem Anhäufen von Banknoten in Verbindung bringt, dürfte nicht zuletzt eine Folge permanenter Medienschelte sein, die wir Ärzte zum Teil auch noch selbst mitverursacht haben. Doch mehr als alle statistischen Umfrageergebnisse über die Stellung des Arztes in dieser Gesellschaft sind es die kleinen Alltagsbegebenheiten, die mir hin und wieder deutlich zeigen, wie Patienten über mich, ihren Hausarzt, denken und wie sie mich und meine Position als Mitglied der Ärzteschaft in der Kleinstadt betrachten.

So kam neulich meine zehnjährige Tochter etwas verunsichert aus der Schule. Man hatte sich im Klassenverband über die Höhe des monatlichen Taschengeldes unterhalten. Bei der Nennung ihrer Taschengeldsumme, die sich offensichtlich im Vergleich zu der ihrer Klassenkameraden eher im unteren Drittel bewegte, war sie auf Unverständnis, Erstaunen, Ungläubigkeit und leichten Spott ihrer Mitschüler getroffen: „Was, mehr bekommst du nicht? Dein Vater ist doch Arzt..."

Diese offensichtlich von den Eltern schon auf ihre Kinder überlieferten Klischeevorstellungen von den „reichen“ Ärzten sind für mich um so erschütternder, als diese im Hinblick auf meine noch jahrzehntelang abzutragenden Schuldenberge auf mich nun schon gar nicht zutreffen und mir zudem neureiche, mit dem Geld der Eltern nur so herumwerfende Kinder in höchstem Maße zuwider sind.

So denke ich immer noch mit Unmut an meine Studentenzeit zurück, wo einige wenige reiche Arztsöhne bereits in der Vorklinik mit dem eigenen Porsche vor den Hörsaal vorfuhren, die neueste Ausgabe des Deutschen Ärzteblattes und ein Stethoskop auf dem Rücksitz drapiert.

O Schutzpatron der Ärzte, behüte mich vor Kindern mit einer solchen Einstellung und Geisteshaltung! Es bedurfte eines längeren und intensiven Gespräches mit meiner Tochter, bis ich die finanziellen Dimensionen und Maßstäbe wieder auf das rechte und bescheidene Normalmaß zurechtgestutzt hatte.

Doch dieses Bild des nach Feierabend banknotenbündelnden Arztes scheint sich in der Gesellschaft hartnäkkig zu halten. Wenn ich früher auf diesbezügliche Fragen meiner Patienten, die mit Blick auf mein volles Wartezimmer und meine offensichtlich ganz gut laufende Praxis gelegentlich „Mein Gott, Herr Doktor, was machen Sie bloß mit dem vielen Geld?“ anmerkten, ein Grundsatzreferat gehalten hatte über die Unterschiede zwischen Umsatz und Verdienst, über steigende Personal-, Energie- und Materialkosten – so habe ich dies heute längst aufgegeben. Auf diesbezüglich indiskret bohrende Äußerungen meiner Patienten pflege ich heute die Flucht nach vorn anzutreten und zu entgegnen, daß mir nur der Erwerb meiner ersten Million etwas schwergefallen sei, während die weiteren Millionen ganz allein und ohne mein Zutun mittlerweile einliefen und daß ich meinen Zwölf- bis Vierzehnstundenarbeitsalltag an sich nur deshalb ausübe, weil ich sonst so überhaupt nichts mit meiner freien Zeit anzufangen wisse.

So sehen die Patienten auch den Urlaub ihres Hausarztes mit durchaus gemischten Gefühlen. Zwar gönnen sie ihm bei seiner dauernden Bereitschaftstätigkeit und Arbeitsüberlastung seinen Urlaub von Herzen und tolerieren seine urlaubsbedingte Abwesenheit – aber doch bitte nicht ausgerechnet zu dem Zeitpunkt, wo sie der Rücken schmerzt oder sie eine Bronchitis haben. Wie meinte doch neulich eine Patientin, der ich riet, sich nach Abschluß der von mir verordneten Massagen noch einmal zur Kontrolle bei meinem Urlaubsvertreter vorzustellen: „Was, haben Sie etwa schon wieder Urlaub, Herr Doktor?“ – „Wieso, gönnen Sie mir den etwa nicht?“ pflege ich in solchen Fällen endlich mutvoll zurückzufragen...

Es ist manchmal schon erstaunlich, daß neben Gefühlen von Anerkennung, Achtung, manchmal sogar Dankbarkeit für den Vierundzwanzigstundeneinsatz des Hausarztes auch mehr oder weniger leise Spuren von Mißgunst und Neid bei den Patienten mitspielen. Deutlicher als alle statistischen Auflistungen der Sozialprestige-Skala sind es diese kleinen Alltagsbegegnungen und -bemerkungen von einigen Patienten, die mir manchmal sehr einprägsam zeigen, was Patienten so ganz tief im Innern über ihren Arzt wirklich denken.

Wie meinte doch neulich eine Patientin, für die ich so manches Mal durch Eilbesuchsanforderungen meinen Nachtschlaf geopfert hatte, als sie von meinen kommenden Urlaubsplänen erfahren hatte: „Gerade neulich habe ich zu meinem Mann gesagt: Wärst du doch statt Maurer lieber Arzt geworden! Dann müßtest du heute nicht Steine schleppen, sondern würdest viel Geld verdienen und könntest dauernd Urlaub machen!“

Ja, ja, wir steinreichen Ärzte mit unserem permanenten Dauerurlaub sind wirklich zu beneiden...

„Ich bin nur zur Untersuchung gekommen, weil Sie heute Geburtstag haben!“

EDV für die Praxis?

Ich trau' mich noch nicht...

Mein eigener und ganz persönlicher Einstieg in die Welt der Computer vollzog sich bereits vor ein paar Jahren in aller Stille an einem friedlichen Heiligabend, als ich nämlich den gerade meiner Tochter als Weihnachtsgeschenk überreichten Taschencomputer „auslieh" und den Rest der Weihnachtsfeiertage mit wahrem Fanatismus daranging, die von einem hoch auf einer Palme thronenden Affen heruntergeworfenen Kokosnüsse mittels eines elektronischen Netzes einzufangen.

Doch unabhängig von solchen Computerspielereien hat mittlerweile der Einsatz von EDV-Anlagen in der Praxis des niedergelassenen Arztes begonnen.

Und wenn es zur Zeit auch erst einige wenige mutige Elektronische-Datenverarbeits-Pioniere (modern: EDV-Freaks) unter den niedergelassenen Kollegen sind, die diese neue Technik in die bisherige Domäne von handsortierten Karteikarten und alphabetisch archivierten Aktenordnern einführen, so soll – wenn man zumindest den Prognosen Glauben schenken darf – in wenigen Jahren eine EDV-Anlage genauso selbstverständlich in der Praxis eines jeden Arztes stehen wie Schreibmaschine und Telefon.

Wenn man also im Zeichen kommender Ärzteschwemme und wachsenden Konkurrenzdruckes die eigene Praxis wirtschaftlich optimal führen, attraktiv bleiben und seinen Mitkonkurrenten im Wettbewerb um potentielle Patientengunst einen Schritt voraus sein möchte, dann wird man wohl gar nicht umhin können, die EDV-Hemmschwelle zu überspringen und sich zumindest mit der Problematik zu beschäftigen.

So habe ich mir im Laufe des letzten Jahres stapelweise EDV-Literatur beschafft, um für mich und meine Praxis die Frage zu klären: EDV – soll ich oder soll ich nicht?

Nun ist es sicher zunächst nicht weiter schwierig, sich in die Grundbegriffe der medizinfremden Computersprache zumindest theoretisch einzuarbeiten. Nach kurzer Zeit gehen einem Begriffe wie „bit“ und „byte“, „floppy-disc“ und „CPU“, „Hard- und Software“ ganz flott von der Zunge – nur, in der Entscheidung für oder gegen eine EDV-Anlage in der eigenen Praxis bringt einen dies nicht einen Zentimeter voran.

Nach monatelangem Studium der einschlägigen Literatur sowie nach Durchforsten sämtlicher Erfahrungsberichte von Kollegen muß ich ernüchtert feststellen, daß ich unentschlossener und verwirrter bin als je zuvor. Was nützt mir persönlich die begeisterte Beschreibung eines kollegialen Computer-Freaks, daß er mit Einführung der EDV in seine Praxis schlagartig ein glücklicherer Mensch geworden ist – was im Gegensatz dazu die negativen Äußerungen von „computergeschädigten“ Kollegen, die ihre Anlage am liebsten auf den

Sperrmüll wünschten? Schließlich ist jede einzelne Praxis in diesem Lande eine sehr individuelle und auf den Arbeits-, Lebens- und Persönlichkeitsstil des Inhabers zugeschnittene Funktionseinheit. Solange man nicht schon im Medizinstudium auf eine computerausgerichtete und in etwa genormte Praxisführung hin ausgebildet wird, scheint es mir gerade bei Ärzten, denen man wohl eine gewisse Individualität nicht absprechen kann, fast unmöglich, das ideale Computerprogramm für den Alltag zu finden.

Es soll an dieser Stelle nun beileibe nicht die gesamte Argumentenpalette pro oder kontra Computer in der Praxis aufgezeigt werden – hierüber ist in den letzten Wochen und Monaten ausführlich in sämtlichen Medizinzeitschriften berichtet worden. Eine wirkliche Entscheidungshilfe für meinen eigenen Entschluß, ein solches System in die Praxis einzuführen, sind mir all diese Berichte jedoch nicht gewesen. Es ist wohl doch ein Unterschied, ob man die Lohnbuchhaltung eines Großbetriebes auf Kassetten speichern will oder Teile einer sehr sensiblen Arzt-Patienten-Beziehung. Es dürfte sicher ein Zeichen eigener geistiger Rückständigkeit sein, daß sich bei mir trotz aller Hochachtung vor der Computertechnik nicht so recht Begeisterung für die Vorstellung einstellen mag, daß möglicherweise fortan in meinem Sprechzimmer bei einem intimen Gespräch zwischen Hausarzt und verängstigtem Patienten als „stummer dritter Zeuge" ein EDV-Bildschirm flimmert. (Wenn ich mit der Mutter meiner Kinder über Erziehungsprobleme diskutiere, so geschieht dies in der Regel auch nicht in Gegenwart eines laufenden Fernsehers.)

Doch dies sind natürlich nur persönliche Animositäten, die es in einem permanenten eigenen Lernprozeß abzubauen gilt. Eine wirkliche Entscheidungshilfe für oder gegen die Einführung von EDV in die Praxis scheint mir jener begrüßenswerte Versuch der KV in Hamburg zu sein, dessen Feldstudienergebnisse in einer der Ausgaben des Deutschen Ärzteblattes abgedruckt waren.

Statt jeden Kollegen bei der Einführung von Computern in die Praxis allein herumwurschteln, ihn seine eigenen Fehler und möglichen finanziellen Aderlasse erleiden zu lassen, sollten doch unsere Führungsinstitutionen mit ihrer finanziellen und reputativen Potenz einmal darangehen, in Zusammenarbeit mit interessierten Computerfirmen ausgereifte und praxisbezogene Programme zu entwickeln, die nach Ausmerzen sämtlicher „Kinderkrankheiten" guten Gewissens für den Einsatz in der Praxis empfohlen werden können.

So würde ich persönlich wohl schon gerne eine gutfunktionierende und ausgereifte EDV-Anlage in meiner Praxis stehen haben – nur, diese für meine ganz individuelle Praxis funktionsgerecht zu gestalten, dazu fehlen mir, offen gestanden, Zeit, Lust, Mut und der zur Zeit offensichtlich noch nötige Pioniergeist. Mögen würde ich wohl ganz gerne wollen – allein, ich trau' mich nicht so recht!

So besteht meine Entscheidung zur Frage einer eigenen EDV-Anlage zur Zeit noch in einer konsequent abwartenden Beobachtung der Entwicklung und der Hoffnung, daß sich unsere Führungsinstitutionen ihrer Fürsorgepflicht für ihre Mitglieder besinnen und mich in dieser möglicherweise existentiellen Entscheidung nicht allein lassen.

EDV – das wird zumindest in meiner Praxis für die nächste Zeit die Abkürzung bleiben für: **E**in anderer **D**arf **V**orangehen!

Der Doktortitel

Ich bin stolz darauf

Es war nur eine kleine Notiz in einer Ausgabe der Medical Tribune, die mich doch nachdenklich und auch etwas bestürzt zurückgelassen hat. Ein Kollege hatte damals geklagt, daß er in zunehmendem Maße ohne seinen Doktortitel angeredet würde und gefragt, ob dieser Doktortitel nicht Teil seines Namens sei (MT Nr. 51/85). Der hierzu befragte juristische Experte hatte kurz und knapp irgendwelche Urteile irgendwelcher höchsten Gerichte in Deutschland zitiert, nach denen der medizinische Doktortitel in keiner Weise Teil des Namens sei, daß dementsprechend der Arzt überhaupt keinen Anspruch auf die Anrede mit seinem Doktortitel habe, und daß es letztlich der freien Entscheidung des Patienten unterliege, ob er seinen Arzt mit „Herr Doktor“ oder schlicht „Herr Meier“ anzusprechen gedenke. So einfach ist das also!

Nun ist es sicherlich überhaupt keine Frage, daß die Ärzteschaft in dieser Gesellschaft und in dieser Zeit weiß Gott wichtigere Probleme zu lösen hat, als darüber einen Glaubenskrieg zu führen, ob der Doktortitel Teil des Namens sei oder nicht. Auch muß ich für mich persönlich zugestehen, daß mein eigenes Seelenheil nun beileibe nicht von der Frage abhängt, ob mich meine Patienten mit „Herr Doktor“ anreden oder nicht. Aber daß der akademische Doktortitel aus juristischer Sicht einen derart geringen Stellenwert innehat – das mag ich auch nicht so ohne weiteres akzeptieren. Vielleicht ist meine eigene hohe Einschätzung des Doktorgrades auch dadurch mit bedingt, daß es (im Gegensatz zur Zeit vor einem halben Jahrhundert) zur Zeit meines Medizinstudiums überhaupt keine Selbstverständlichkeit mehr war, einen Doktortitel zu erwerben. Wenn man heute in den Standesblättern die Namen neu niedergelassener Kollegen sieht, dann ist es manchmal schon erstaunlich, wie viele dieser neuen Kollegen (selbst Fachärzte!) keinen Doktorgrad mehr haben. Tempora mutantur...

Im Gegensatz zu jener juristischen Ansicht messe ich meinem harterarbeiteten Doktortitel sogar einen erheblichen Stellenwert bei; meinem ganz persönlichen Erwerb des „Dr. med." haftet sogar ein nostalgischer Hauch von eigenem Stolz und persönlicher Genugtuung an, weshalb ich diesen Titel nicht missen möchte.

Die Zeiten, in denen ältere Kollegen fast automatisch mit dem Medizinexamen auch ihren Doktortitel erwarben, gehörte während meines Studiums bereits lange der Vergangenheit an. Es entsprach damals schon fast einem Lotteriehaupttreffer, überhaupt einen Doktorvater zu finden, der einen potentiellen Doktoranden wie mich unter seine Fittiche nahm. Die Suche nach einer Doktorarbeit gehört für mich zu den unangenehmsten Erinnerungen meiner Studienzeit. Ich lernte das Gefühl kennen, was es wirklich heißt, im Grunde genommen „bettelnd" von Tür zu Tür zu gehen und mich selbst als potentiellen Doktoranden anzubieten.

Ich denke zurück an wochenlanges Literaturstudium in verschiedenen Büchereien, wo man nach acht Stunden fast genauso vergilbt aussah, wie die verstaubt-muffig riechenden Medizinwälzer. Und ich denke ungern zurück an jene endlosen Nächte im Labor (tagsüber wurde das Labor für den Klinikbetrieb gebraucht), an jene vielen Mißerfolge und Frustrationen, wenn durch eine mißglückte Versuchsreihe wieder einmal ein paar Wochen Arbeit umsonst gewesen waren. Ich denke zurück an jenes zermürbende Warten auf einen Gesprächstermin beim völlig überlasteten Doktorvater, wenn es wieder einmal Schwierigkeiten gegeben hatte. Ich denke auch zurück an das unendliche Gefühl der Erleichterung, als ich nach fast drei Jahren endlich den „Dr. med." vor meinen Namen setzen durfte.

Und all diese jahrelange wissenschaftliche Plagerei, die unzähligen Frustrationen und Mißerfolge, die Überwindung jenes verlockenden Gefühls, bei wieder einmal aufgetretenen Schwierigkeiten resignierend alles hinzuwerfen – das alles hat also juristischerseits nicht einmal den Stellenwert, daß man als approbierter und promovierter Arzt mit „Herr Doktor" angeredet zu werden hat? Eine Zeit, in der es „chic" und „in" ist, sämtliche Traditionen in Frage zu stellen, macht offensichtlich auch vor „alten Zöpfen" wie akademischen Titeln nicht halt. Selbst auf die Gefahr hin, von „fortschrittlichen" Kollegen als arrogant, eitel, antiquiert und in meinen Ansichten verstaubt bezeichnet zu werden, muß ich persönlich gestehen: Ich sehe das völlig anders!

Mit derselben Selbstverständlichkeit, mit der ich außerhalb meines Berufes und meiner Praxis in meinem

Privatleben bei Freunden, Bekannten und Nachbarn freiwillig und bewußt auf meinen Doktortitel verzichte, mit derselben Selbstverständlichkeit jedoch nehme ich in meiner eigenen Praxis für mich das Recht in Anspruch, von meinen Patienten mit Namen plus Doktortitel angeredet zu werden. Achtung, Respekt und Höflichkeit, auf die jeder meiner Patienten innerhalb meiner Praxis ein selbstverständliches Recht hat, nehme ich umgekehrt auch für mich in Anspruch. Und einen Arzt mit einem erworbenen akademischen Titel in dessen Praxis mit „Herr Doktor Schulz" anzusprechen, gehört für mich zu den selbstverständlichen Höflichkeiten mitmenschlicher Umgangsformen.

Juristische Bewertung eines Doktortitels hin und her – ich sehe für meine eigene Person überhaupt keinerlei Notwendigkeit, an diesen überlieferten und traditionellen Formen des Arzt-Patienten-Umgangs, die durch Anrede mit dem Doktortitel ein partnerschaftlich-distanziertes Arzt-Patienten-Verhältnis schaffen, irgendeinem Modetrend folgend etwas zu verändern.

Besscheidene Bilanz

Sind Sie unentbehrlich, Herr Kollege?

Wenn man so tagein, tagaus rund um die Uhr im Praxisalltag vor sich hinwirbelt und nach eigener Selbsteinschätzung ganz brauchbare Medizin treibt, wenn man viele chronische Krankheiten zumindest etwas lindern hilft und einige akute sogar einmal heilen kann, wenn man Jahr für Jahr mit vollem persönlichem Einsatz Patienten hilft oder sie zumindest seelisch unterstützt und wenn man schließlich auch anhand der Fallzahl sieht, daß man mit seinem ganz persönlichen Hausarztstil wohl doch nicht so völlig danebenliegt – dann kann man vielleicht doch manchmal Gefahr laufen, sich ein wenig im Glanz eigener Wichtigkeit und Bedeutung zu sonnen.

Doch diese Illusion, aufgrund eigenen Einsatzes und ständiger Bereitschaft für seine Patienten einen Hauch von „medizinischer Unentbehrlichkeit" erwirtschaftet zu haben, sollte man sich möglichst bald wieder abschminken. Wie ersetz- und austauschbar jeder Mensch und auch ein im Prinzip gutgelittener Hausarzt sein kann, habe ich in meinem persönlichen Umfeld einige Male deutlich vor Augen geführt bekommen.

So gab es in unserer Kleinstadt einen „Landarzt alter Prägung“, der jahrzehntelang eine Riesenpraxis versorgt und Tag und Nacht, an Wochenenden und Feiertagen seine Patienten betreut hatte. Dieser Kollege starb plötzlich und ohne Vorwarnung aus vollem Schaffen heraus an einem Herzinfarkt. Die Reaktion vieler Patienten: Dankbarkeit? Trauer? Bei einigen Patienten sicherlich. Doch es waren auch viele andere Reaktionen zu hören: „Wie konnte der Mann bloß soviel arbeiten? Das mußte ja so kommen! Zu dem konnte man in den letzten Monaten ja gar nicht mehr gehen, der war ja fast kränker als man selbst. Ja, wenn man auch so eine Riesenpraxis hat ...“

Daß dieser Kollege, von vielen Patienten mit verständnislosem Kopfschütteln bedacht, sich schließlich für diese seine Patienten „totgearbeitet“ hatte – davon war kaum die Rede. Es kam ein jüngerer Nachfolger in die Praxis – nach ein paar Wochen war jener Kollege, der jahrzehntelang „Arztgeschichte“ in der Stadt geschrieben hatte, so gut wie vergessen. Aus den Augen – aus dem Sinn ...

Oder ein anderes Beispiel: Als mein verehrter Seniorpartner im Alter von zweiundsiebzig Jahren aus der Praxis ausgeschieden war und diese an mich übergeben hatte, bekam er kurze Zeit später einen Herzinfarkt. Die Reaktion vieler seiner alten Patienten: „Wie konnte der Mann auch bei der großen Praxis bis ins hohe Alter noch arbeiten! Der war ja auch in den letzten Wochen bös alt und klapprig geworden. Wenn man aber auch nicht früh genug aufhören kann ... Sicher konnte er den Hals nicht voll genug bekommen!“ Manchmal schloß sich auch an solche Patientenreaktionen der Zusatz an, wie schön es doch nun sei, daß ein junger und dynamischer Doktor (nämlich ich!) in der Praxis sei. Auf meine oft scharfe Entgegnung, daß dieser „verbrauchte, alte Mann“ schließlich über vierzig Jahre lang Tag und Nacht für sie dagewesen sei erntete ich nur allzu oft blankes Unverständnis!

Eine Praxis ist nun mal ein Dienstleistungsbetrieb; ein Arzt ist schließlich dazu da, Tag und Nacht einsatzbereit zu sein. Er hätte sich ja einen anderen Beruf wählen können ... Wohlgemerkt, das war natürlich nicht die Reaktion aller Patienten, aber doch für meinen Geschmack die viel zu häufige. Aus den Augen, aus dem Sinn – und das nach vierzig Jahren! Zum Weinen ...

Ein Mensch – und natürlich auch ein Hausarzt – genießt offensichtlich nur so lange hohes Ansehen, solange er „reibungslos funktioniert“ und man ihn braucht. Man sollte sich einmal klar vor Augen führen, daß einem selbst dieses Schicksal des „Abgeschobenwerdens“ jederzeit passieren kann.

Als ich zu Beginn dieses Jahres durch einen Sportunfall von einem Tag auf den anderen als Hausarzt ausfiel, bekam ich drei Blumensträuße von Patienten, etwa ein halbes Dutzend Briefe mit Genesungswünschen und ein paar weitere mündlich überlieferte Patientengrüße (das tut ja so unendlich gut, wenn man sich in ungewohnter Hilflosigkeit so vor sich hin langweilt!), außerdem bekam ich noch von fünf Kollegen persönliche oder telefonische Wünsche für eine baldige Genesung – angesichts einer vierstelligen Patientenzahl pro Quartal und über zwei Dutzend von Kollegen auch nicht gerade ein herausragender Beweis eigener Unentbehrlichkeit. Die Praxis lief mit einer netten Kollegin weiter, ein paar Patienten sprangen zu anderen Praxen ab, eine wesentliche Lücke in der ambulanten Versorgung war durch meine Abwesenheit beim besten Willen nicht zu entdecken.

Dies ist sicher auch richtig so und ein Glück für die Patienten, deren ambulante medizinische Versorgung nahtlos weitergeht – für mich persönlich war dies jedoch eine Erfahrung, die sehr zum Nachdenken anregte. Man muß sich gerade als junger Arzt manchmal deutlich klarmachen, wie sang- und klanglos ältere und verdiente Kollegen von der Arztbühne abtreten. Wenn sie nicht zufälligerweise irgendwelche wichtigen Funktionärsposten bekleidet, sondern nur im Alltag vor sich hin gearbeitet hatten, dann dürften auch seitens KV, Ärztekammer und sonstigen Standesorganisationen beim Ausscheiden aus dem Berufsleben keine wesentlichen Lobes- und Dankeshymnen erklingen. Ein älterer Kollege hört auf – ein Dutzend junger Ärzte steht bereits in den Startlöchern.

Wenn man also tagein, tagaus, oft auch bis an den Rand physischer und psychischer Erschöpfung, seine Praxis bewältigt, sollte man sich unter diesem Gesichtspunkt doch hin und wieder einmal selbstkritisch fragen, wie hoch man eigentlich den Stellenwert eigener Gesundheit und die Verpflichtung für die eigene Familie ansetzt. Aus den Augen, aus dem Sinn – doch das ist wohl so in diesem Leben ...

Tschernobyl: historisch, aber weiter aktuell

Das war ein Fiasko für den Hausarzt

Ich gebe unumwunden zu, daß sich mein Wissensstand über die Gefahren und Folgen radioaktiver Strahlung nach dem Kernreaktorunglück knapp oberhalb der Nullprozentmarke in etwa auf demselben Level befindet, den meine medizinfachfremden Mitbewohner auf diesem Planeten ebenfalls haben. Doch leider bin ich Arzt und damit als einer der Repräsentanten von medizinischer Prophylaxe und Therapie den bohrenden Fragen meiner Patienten ausgesetzt, die von mir als ihrem Hausarzt nähere Aufklärung darüber erhoffen, was sie denn nun von all den widersprüchlichen Meldungen in den Medien glauben oder nicht glauben sollen, wie sie sich in der nahen und fernen Zukunft verhalten sollen, was sie essen und trinken und wo sie schließlich ihren Urlaub machen dürfen. Meine, zugegeben dürftige Antwort auf solche Fragen: Ich weiß auch kaum mehr, als mir die Massenmedien täglich als Information vorlegen.

Daß mir beim Schließen vorhandener Wissenslücken über dieses Gebiet die Politiker nicht weiterhelfen können oder wollen, damit habe ich mich abgefunden. Doch wo bleibt eigentlich eine kompetente, klare und praxisbezogene Aussage unserer medizinischen Strahlenexperten und -koryphäen, mit der ich als kleiner Hausarzt im täglichen Praxisalltag arbeiten und antworten kann?

Da bekomme ich dankenswerterweise von meiner schleswig-holsteinischen Ärztekammer ein Schreiben mit Direktiven zugesandt, wie ich meine Patienten auf Fragen über potentielle Gefahren und Konsequenzen aus diesem Reaktorunfall beraten kann. Die Tendenz dieses Schreibens: Es ist alles gar nicht so schlimm, man sollte nur aus reinen Vorsichtsmaßnahmen dieses und jenes Gemüse meiden, für irgendwelche weitergehenden Sorgen bestünde überhaupt kein Anlaß.

Nun gut, das ist doch endlich einmal eine handfeste Aussage unserer Standesorganisation, mit der ich im Praxisalltag arbeiten kann. Während ich mich noch darüber freue, daß die Standesoberen schnell und „praxisbezogen" reagiert haben, fällt beim Lesen der morgendlichen Tageszeitung mein Blick auf die balkendicke Überschrift, daß Kieler Wissenschaftler Alarm schlagen und eine Spezialnahrung empfehlen. Da empfiehlt der Direktor der radiologischen Universitätsklinik (gehört der eigentlich nicht der Ärztekammer an?), die Regierungen möchten doch dafür sorgen, daß Schwangere, Kleinkinder und Heranwachsende mit einer minderbelasteten Spezialnahrung versorgt werden sollen, die entweder aus früheren Vorräten stammt oder in Amerika oder auf der Südhalbkugel der Welt geerntet worden ist. (In diesen Regionen gibt es ja Gott sei Dank Nahrung im Überfluß, die ohne Schwierigkeiten für die Bevölkerung in unsere zivilisierte Welt geschafft werden kann.) Was am Tag nach dieser Zeitungsmeldung in meiner Praxis los sein wird, wenn mich meine schwangeren Patientinnen und die Mütter kleiner Kinder aufsuchen, wage ich noch gar nicht vorauszudenken...

Oder da stellt ein honoriger und vertrauenserweckend aussehender Professor als Leiter der Strahlenschutzkommission mit Nachdruck fest, alles sei gar nicht so schlimm, man habe die Probleme fest im Griff. Wie beruhigend, denke ich als Hausarzt und schlage eine medizinische Fachzeitschrift auf, wo ein Strahlenexperte aus Süddeutschland fordert, endlich mit der Verharmlosung aufzuhören. Jedes zusätzliche Millirem habe eine onkogene Potenz, man könne überhaupt nicht davon reden, daß die Situation unbedenklich oder ungefährlich sei, jeder Arzt (also auch ich) müsse selbst entscheiden, ob er seine Patienten mit einer Jodprophylaxe ausstatten soll.

Dieser Informationswirrwarr ist eine einzige Katastrophe für den praktischen Arzt. Wem und was soll ich denn nun als Hausarzt glauben, wie soll ich einen Patienten kompetent beraten? Handelt es sich bei den völlig widersprüchlichen Aussagen selbst unserer medizinischen Strahlenexperten um Verharmlosungsversuche, Verdachtsäußerungen, Glaubensbekenntnisse oder vielleicht nur gar professorale Profilierungsbestrebungen? Ich weiß es nicht – ich weiß nur, daß ich verwirrter bin als zuvor.

Die Informationspolitik für uns Hausärzte an der Basis der medizinischen Versorgung in den letzten Wochen ist ein einziges Verwirrspiel – ich fühle mich von Standesorganisationen, Wissenschaftlern und ähnlichen Institutionen im Stich gelassen. Wenn mich heute meine Patienten über die möglichen Folgen und Gefahren aus dieser Reaktorkatastrophe befragen, so antworte ich nachdrücklich und ehrlich: „Ich habe keine Ahnung!" Aber ich gebe dies zumindest zu – ob das auch alle anderen „Experten" tun, die sich so täglich mit neuen Meldungen und gewichtiger Miene zu Wort melden, wage ich doch zu bezweifeln!

Mein Alptraum

Nachts eine Hausnummer suchen

Es war an sich eine ganz belanglose Begebenheit aus dem Berufsalltag eines Hausarztes. Ein schrilles Klingeln durchbrach den postmitternächtlichen Tiefschlaf, und während ich mich noch verzweifelt mühte, dieses nervtötende Klingeln durch Drehen und Drücken sämtlicher Knöpfe am Wecker abzustellen, signalisierte das allmählich zu arbeiten beginnende Gehirn, daß Ursache dieser ungeliebten Schlafstörung gar nicht der unschuldige Wecker, sondern vielmehr das Telefon war.

Heftige retrosternale Schmerzen seit einer halben Stunde, Übelkeit, anamnestisch ein durchgemachter Infarkt vor zwei Jahren und keinerlei Besserung nach Zerbeißen von Nitrokapseln – bei dieser eindeutigen Telefonanamnese ist Eile geboten. Ein paar Minuten später biege ich in die Straße ein, aus der der Eilbesuch angefordert wurde. In Gedanken spule ich noch einmal die Liste von zu treffenden Maßnahmen ab, bereits wenige Minuten nach dem Anruf kann die ärztliche Hilfe einsetzen. Dies ist ein gutes Beispiel für eine wirklich effiziente, schnelle und reibungslos funktionierende ambulante ärztliche Betreuung in diesem Gesundheitssystem – wenn, ja wenn ich nur das betreffende Haus des Patienten finden könnte.

Graunebliges Wetter, eine stockfinstere Nacht, zu beiden Seiten der Straße sind dunkle Hausfassaden nur zu ahnen, und um diese Zeit ist natürlich kein Mensch weit und breit, den man nach der gesuchten Hausnummer fragen könnte. Nachdem ich die Straße dreimal auf- und abgefahren bin und mit dem Suchscheinwerfer Haustür für Haustür die entsprechende Nummer zu entziffern versucht habe, sehe ich endlich eine winkende Gestalt im Bademantel. „Sie sind aber schnell da, Herr Doktor! Unsere Hausnummernbeleuchtung ist nämlich seit kurzem defekt!" Und damit bin ich schon beim Thema: nächtliche Detektivarbeit des niedergelassenen Arztes bei der Suche nach Hausnummern!

Ich weiß nicht, ob dies ein spezifisches Problem der Kleinstadt ist, in der ich meine Praxistätigkeit ausübe, oder ob auch andere Kollegen in Dörfern und Städten dieser Republik ähnliche Erfahrungen machen: Die Suche nach Hausnummern ist häufig eine einzige Katastrophe! Dabei ist dieses Thema seit Jahren ein „Dauerbrenner" bei jeder Wochenendnotdienstbesprechung der am Ort ansässigen niedergelassenen Kollegen. Bei jeder Dienstplanbesprechung hat irgendein Kollege neue abschreckende Beispiele für unauffindbare Hausnummern in bestimmten Straßenzügen zu berichten. Wiederholte Aufrufe in der örtlichen Presse und diesbezügliche Schreiben an die lokal dafür verantwortlichen Politiker sind nicht einmal das Papier wert gewesen, auf dem sie mit der höflichen Bitte um deutliche Kennzeichnung der Hausnummern formuliert waren.

Was ist das bloß für ein architektonischer Schwachsinn, auf eine dunkle Hausfassade eine unbeleuchtete, dunkle, schmiedeeiserne Hausnummer zu setzen, was für ein hirnrissiger Blödsinn schließlich, eine weiße „15“ an einem weißverklinkerten Bungalow zu befestigen. Was denken sich eigentlich Städteplaner dabei, ein mehrstöckiges Mammuthochhaus mit einer Hausnummer „kenntlich“ zu machen, die man bei direktem Davorstehen gerade noch mit Hilfe einer Lupe erkennen, vom Auto aus jedoch nicht einmal erahnen kann.

Da kommt man dann bei Dunkelheit in eine Straße mit langgestreckten Reihenhäusern, jeder Block enthält fünfzehn Wohnungen. An der Vorderseite ist ein kümmerliches Schild in Zigarettenschachtelgröße befestigt, aus dem hervorgeht, daß sich hier die Wohnungen 39–55 befinden. Genauer gesagt war dieses Hausnummernschild vielleicht vor fünfzehn Jahren bei der Einweihung zu erkennen, im Laufe der Jahre sind Tannen und Büsche an der Hausfront emporgewachsen und haben das Nummernschild in die Natur integriert. Der Arzt kann dann nachts von Tür zu Tür springen, bis er schließlich feststellen muß, daß die gesuchte Nummer 59 offensichtlich in dem zwanzig Meter entfernten nächsten Block zu finden sein muß. Oder aber man sucht die Wohnungsnummer 17, findet in der Straße jedoch nur die Häuser 15 und 19. Nummer 17 gibt es nicht! Des Rätsels Lösung findet sich nach langem Suchen: Der Eingang von Nummer 17 liegt auf der Rückseite von Nummer 15, von der Straße aus natürlich nicht zu sehen und nur für Eingeweihte zu finden.

Nun kann man natürlich das Problem des Hausnummernsuchens dadurch entschärfen, daß man unbekannte Patienten anweist, die Außenbeleuchtung einzuschalten. Fahren Sie einmal bei Dunkelheit während des laufenden Fernseh-Abendprogramms in eine gute Wohngegend mit nebeneinanderstehenden Einfamilienhäusern. Sämtliche Häuser der Straße sind im Glanze der Außenbeleuchtung erstrahlt – bis auf die Hausnummern allerdings; die fristen irgendwo ein kümmerliches Schattendasein, allen neugierigen Blikken von Passanten dadurch entzogen, daß sie hinter einem wuchtigen und repräsentativen Briefkasten angebracht sind.

Da ich nächtliche Detektivarbeit der oben aufgeführten Art leid bin, weise ich seit längerem alle mir unbekannten Patienten rigoros an, einen Angehörigen mit einer Taschenlampe an die Straße zu stellen. Bei strömendem Dauerregen, Schneegestöber oder klirrender Eiseskälte schafft man sich mit einer solchen Aufforderung nicht unbedingt neue Patienten. Doch wenn ich schon aus der wohligen Kuschelwärme des eigenen Bettes in eine kalte Winternacht beordert werde, dann mag zumindest im Hinblick auf den ebenfalls an der Straße frierend wartenden Patientenangehörigen der alte Spruch trösten: Geteiltes Leid ist halbes Leid!

Notfall in der Hausarztpraxis

Manchmal ist man ganz schön einsam...

Notfälle in der ambulanten Medizin sind die Würze des ärztlichen Alltags und immer wieder aufs neue eine Herausforderung für den niedergelassenen Arzt. Während in den großen Städten die Notfallmedizin immer mehr auf dafür eingerichtete Rettungsdienste mit durch die Klinik gestellten spezialisierten Notärzten verlagert wird, ist auf dem flachen Lande der Hausarzt noch gleichzeitig der Notarzt. Dies ist für den praktischen Arzt eine besondere Verpflichtung, qualitative Unterschiede zwischen der Notfallmedizin in Großstädten und in der „Provinz" so gering wie möglich zu halten. Dieser hohe Anspruch ist oft jedoch gar nicht leicht in die Praxis umzusetzen.

Dabei folgt die Häufigkeit des Auftretens solcher ambulanten Notfälle offenbar eigenen Gesetzen. Da habe ich als Hausarzt etwa im Rahmen einer Erkältungswelle Woche für Woche triefende Nasen und gereizte Bronchien behandelt und mich über jeden „Hexenschuß gefreut", der einmal etwas Abwechslung in diesen Infektboom gebracht hat – wirkliche Notfälle hat es im Routinealltag seit geraumer Zeit überhaupt nicht mehr gegeben. Und plötzlich an einem ganz gewöhnlichen Sprechstundentag geht es dann Schlag auf Schlag.

Ein Patient kommt mühsam an den Empfang, entschuldigt sich, daß er einfach so ohne Anmeldung in die Sprechstunde platzt (die wirklich vital erkrankten Patienten sind oft viel zu bescheiden und diszipliniert!) und berichtet über Luftnot, Übelkeit, Schulterschmerzen. Das kalt-schweißige Gesicht spricht Bände, die ST-Erhebungen im EKG sind lehrbuchmäßig. In solchen Augenblicken denke ich manchmal voller Wehmut an Klinikzeiten zurück, wo in solchen Situationen ein gut eingespieltes und für solche Fälle gedrilltes Notfallteam aus Assistenzärzten, Oberarzt, Intensivschwestern und MTAs die Erstversorgung übernahm.

In der Hausarztpraxis besteht das Team bestenfalls aus einer mehr oder weniger aufgeregten Arzthelferin und mir. Und während ich noch aus der zerebral gespeicherten „Notfallschublade Herzinfarkt" die entsprechenden Maßnahmen abrufe und sehnlichst auf das Eintreffen des Krankenwagens warte (oh, Schutzpatron der niedergelassenen Ärzte, laß bitte keinen Todesfall in der laufenden Sprechstunde einreten ...!), kommt eine andere Arzthelferin verstört herbeigelaufen und berichtet, Herr Sch. habe angerufen, er habe seit einer halben Stunde Herzbeschwerden.

Während bei Notfällen in der Praxis immerhin noch ein paar Hilfsmittel zur Verfügung stehen, ist man in gleicher Situation bei Hausbesuchen endgültig allein auf weiter Flur. In solchen Fällen wünschte ich mir immer, von der Natur mit ein paar Extrahänden ausgestattet worden zu sein. Spritze aufziehen, Analgetika, Sedativa, Xylocainprophylaxe, Beruhigung des Patienten und der Umgebung, Blutdruckkontrolle, Auskultation, telefonische Anforderung des Krankenwagens, Ausfüllen der nötigen Krankentransportpapiere – in solchen Situationen fühle ich mich als Hausarzt an der vordersten Front der ambulanten Medizin doch manchmal schon recht einsam ...

Ähnliche Notfallhäufigkeiten gibt es auch auf anderen Gebieten. Da habe ich schon seit Wochen keinen Patienten mit Blinddarmreizung in meiner Praxis erlebt, plötzlich kommt innerhalb von ein paar Tagen einer nach dem anderen. Die telefonisch an sich harmlos klingenden Wadenschmerzen entpuppen sich als arterieller Gefäßverschluß, der Ischias als Nierenkolik. Ambulante Notfälle bringen wegen ihrer Unvorhersehbarkeit und ihres schillernden und immer wieder anders aussehenden Spektrums Spannung und Nervenvibrationen in den Praxisalltag.

Es heißt immer so schön, jeder Arzt müsse durch laufende Fortbildung für sämtliche Notfälle in der Medizin gerüstet sein und es auch bleiben. Dies ist sicher auch theoretisch richtig, jedoch praktisch kaum durchführbar, wenn man nicht täglich mit solchen Situationen konfrontiert wird und somit in ständiger Übung bleibt.

Die Intubation eines Bewußtlosen war zu Klinikzeiten ein Routinehandgriff wie eine Blutabnahme – gerate ich heute in diese (zum Glück doch recht seltene) Lage, ist doch ein leichter Fingertremor meinerseits durchaus hinderlich. Ähnliches gilt für Wiederbelebungsmaßnahmen, Legen eines Subklaviakatheters, intrakardiale Injektionen – trotz aller theoretischen Fortbildung und

Wissensauffrischung im Bereich Notfallmedizin sind dies doch bei fehlender praktischer Übung Tätigkeiten, bei denen ich meiner einstigen klinischen Souveränität, Ruhe und Gelassenheit nachtrauere. Wie mag ich wohl in einer solchen Notfallsituation zehn Jahre später aussehen; wie wird eine solche durch ältere Kollegen bewältigt, deren klinische Tätigkeit 20, 30 oder gar 40 Jahre zurückliegt?

Und dennoch – so sehr ich auch im Interesse meiner Patienten hoffe, daß vital bedrohliche Notfallsituationen möglichst nicht eintreffen mögen, sie sind dennoch immer wieder geeignet, den niedergelassenen Arzt aus der Alltagsroutine und vielleicht auch aus einer gewissen Alltagslethargie herauszureißen. Ich will die tägliche Behandlung der vielen kleinen Sprechstundenwehwehchen gar nicht abwerten – doch wenn ich dann einen akuten Herzinfarkt glücklich im Krankenhaus abgeliefert habe, wenn sich bei dem zu nächtlicher Stunde eingewiesenen „akuten Bauch“ meine Verdachtsdiagnose Bridenileus oder Magenperforation intraoperativ bestätigt, wenn ich einem Patienten mit Status asthmaticus durch mein Eingreifen das Krankenhaus ersparen konnte – dann sind dies für mich schon „medizinische Bonbons“, die eine gewisse zufriedene Hochstimmung, eine Art Selbstbestätigung und das Gefühl hinterlassen, an diesem Tag als Arzt etwas Besonderes geleistet zu haben!

„Gutaussehender reicher Zahnarzt sucht…“

Lesen Sie auch so gern Heiratsannoncen?

Unter all den medizinischen Fachzeitschriften, die mir unbestellt (manchmal auch ungewollt), aber in schöner Regelmäßigkeit auf den Schreibtisch schweben, ist auch jenes Standesblatt, das jeder Arzt Woche für Woche zugesandt bekommt. Obwohl die Lektüre dieser Zeitschrift nach anstrengendem Arbeitsalltag auf mein nicht mehr ganz so aufnahmebereites Gehirn eher einen Tranquillanzien-Effekt ausübt, gibt es jedoch eine Rubrik, die ich stets zuerst und mit großer Begeisterung lese: Es ist die standesgemäß seriöse Rubrik „Heirat und Bekanntschaften“!

Zwar habe ich als mittlerweile schon fast in Ehren ergrauter Ehemann und Vater zweier Kinder auf diesem Sektor überhaupt keine Ambitionen oder irgendwelche Nachholbedürfnisse, dennoch empfinde ich es immer wieder als faszinierende Lektüre, was für hehre und herausragende Exemplare beiderlei Geschlechts auf dem bundesdeutschen „Ärzte-Heiratsmarkt“ zur Auswahl stehen. Beim Lesen dieser Rubrik weht immer ein Hauch von „Dallas“ und „Denver“ durch den eher nüchternen Ärztealltag. Wenn ich allein lese, was für Traummänner der Spezies „lediger Arzt“ annonciert sind, kann ich ob meiner eigenen Durchschnittlichkeit nur noch frustriert meine Komplexe streicheln.

„Dr. med., OA, led., schlank, sportlich (Tennis, Segeln), größ. Einkünfte und Vermögen, sucht ..." Oder „Junger Zahnarzt, blonder, sportlicher, sehr gut aussehender Mann mit eig. Praxis v. d. Eltern, spielt Tennis, liebt Musik (spielt selbst Klavier), aufgeschloss., großzügig, mit liebevollem, warmherzigem Wesen, wünscht sich ..." Offengestanden, da kann ich nicht mithalten!

Welch ein Glück, daß soviel geballter Charme und gebündelte Männlichkeit der eigenen Ehefrau damals vor vielen Jahren nicht über den Weg gelaufen ist, wäre ich dann doch wohl beim damaligen Buhlen um die Gunst der jetzt Angetrauten Vizesieger geworden und würde heute ein Junggesellendasein fristen.

Doch auch beim Lesen der „weiblichen Anzeigen" kann man schon ins Träumen kommen. „Junge, farbige Ärztin, eine zierliche, bildhübsche, feminine, exotische aparte Schönheit mit schwarzen Locken, die ihr hübsches Gesicht mit großen, zärtl., fast schwarzen Augen umrahmen, musisch, sportlich, mit ruhigem, liebevollem, ausgeglichenem Wesen, Tel. ..." Solche Traumfrauen sind mir in Studium und Klinikzeit nie über den Weg gelaufen. Ich bewundere den Mut eines jeden Klinikchefs, eine solche Ärztin einzustellen, sehe ich doch im täglichen Klinikalltag die ständig drohende Gefahr, daß bei soviel erotisch-prickelnder Weiblichkeit selbst bei gestandenen Familienvätern balzartige Urinstinkte hervorbrechen.

Wenn ich einmal diesen Gedanken zu Ende spinne und mir überlege, wie wohl bei selbstkritischer Einschätzung meine eigene Anzeige unter dieser Rubrik aussehen würde – vielleicht würde diese in etwa so lauten: „Leidlich guterhaltener Enddreißiger mit ersten kleinen körperlichen Wehwehchen, völlig normaler und einfacher Arzt, durch Übernahme einer Praxis leider mit einem nicht unbedeutenden Schuldenberg versehen, früher einmal musisch, kulturell und sportlich vielseitig interessiert, heute jedoch nach Zwölfstundentag meist müde und froh, wenn man ihn vor dem Fernsehgerät schlummern und in Frieden läßt, sucht gleichgesinnte Partnerin ...!“ Was würde das für eine Frau sein, die ein solches Los auf sich nähme ... Vielleicht die eigene Ehefrau, deren Anzeige unter der Rubrik „Heirat und Bekanntschaften“ wie folgt aussehen könnte: „Gar nicht einmal so unangenehme Enddreißigerin, im Prinzip durchaus gutwillig, jedoch bei chronischer Arbeitsüberlastung durch Familie, Haushalt, Kinder u. Garten mit gelegentlichen ‚schwarzen Stunden‘, in denen schon einmal ein paar graue Schatten die weibliche Lieblichkeit überdecken können ...“

Doch auch wenn sich diese Beschreibung der eigenen Ehefrau vielleicht nicht ganz mit jenen perfekten Traumfrauen aus der Heiratsrubrik messen kann, bin ich doch sehr froh, daß sich diese „Normalsterbliche“ für mich und nicht für jenen „Traumbungalow eines gutaussehenden Zahnarztes mit Zweitwohnsitz auf Ibiza“ entschieden hat.

Bei Sexualstörungen beraten

Ich fühle mich überfordert

Wenn man sich einmal vor Augen führt, daß eines der Grundbedürfnisse des Menschen neben Essen, Trinken, Schlafen nicht zuletzt die Sexualität ist, dann ist es um so erstaunlicher, daß dieses wichtige Gebiet mit all seinen Störungen in der medizinischen und klinischen Ausbildung ein kümmerlich-stiefmütterliches Dornröschen-Schattendasein führt. Zwar muß man zum Examen alle exotisch anmutendsten Störungen des Magen-Darm-Traktes kennen, auch wenn diese in der Literatur erst dreimal fraglich erwähnt werden, zwar muß man sämtliche chemischen Formeln von Benzodiazepinen, Hypnotika und Sexualhormonen aufzeichnen können – über das weite Gebiet von sexualmedizinischen Störungen im Medizinalltag aber habe ich persönlich in meiner gesamten Ausbildung nicht eine Silbe gehört.

Dies ist um so unverständlicher, als gerade der niedergelassene Hausarzt oft erste Anlaufstätte für Sorgen und Nöte seiner Patienten auf sexuellem Gebiet ist – ob er aufgrund seiner Ausbildung auf diesem Medizinsektor jedoch auch ein fachlich kompetenter Ansprechpartner ist, wage ich sehr zu bezweifeln. Wenn ich mich persönlich einmal selbstkritisch frage, was ich im hausärztlichen Alltag auf dem weiten Gebiet der Sexualmedizin für meine hilfesuchenden Patienten als Aus- und Fortbildungsnachweise ins Feld führen kann, fallen mir spontan als schriftliche Fortbildungszertifikate lediglich die eigene Heiratsurkunde sowie die Geburtsurkunden zweier gesunder Kinder ein. Dies scheint mir für eine qualifizierte Beratung und Führung meiner Patienten etwas dürftig zu sein.

Dabei kommt es im Zeichen zunehmender Liberalisierung der Sexualität immer häufiger vor, daß Patienten die eigene Hemmschwelle überspringen und mit dem Hausarzt mehr oder weniger offen über Schwierigkeiten auf sexuellem Gebiet sprechen. Wenn z. B. eine fünfundzwanzigjährige, nie ernsthaft krank gewesene Patientin zum wiederholten Mal in gedrückt-depressiver Stimmung über „allgemeine Müdigkeit und Leistungsschwäche" klagt, ist eine vorsichtig tastende hausärztliche Frage, ob diese „Müdigkeit und Leistungsschwäche" sich auch auf dem „ehelichen Sektor" zeige, immer angebracht. Manchmal brechen dann die Schleusen auf, und der eigentliche Grund für den Arztbesuch kommt zum Vorschein.

Oder wenn ein dreiundvierzigjähriger, vor Gesundheit strotzender Patient, den man bisher lediglich wegen Bagatellerkrankungen behandelt hatte, mit allen Zeichen reaktiver Depression über abnehmende Manneskraft und zunehmende Impotenz klagt, dann sollte man sich als Hausarzt immer die Zeit nehmen, eine genauere qualitative und vor allem quantitative Sexualanamnese zu erheben. Es ist immer wieder erstaunlich festzustellen, wie durch die vielen Illustrierten- und Zeitungsberichte die Sexualität zu einem Höchstleistungssport hochstilisiert worden ist, bei deren Nichterfüllbarkeit den Patienten Versagens- und Minderwertigkeitsgefühle überkommen. Wer hat sich bloß jene blödsinnigen Statistiken ausgedacht, daß ein „gesunder Normalbürger" einer bestimmten Altersklasse im wöchentlichen Durchschnitt etwa 2,3mal in bestimmter Stellung Geschlechtsverkehr haben müsse, um mitreden zu können. Dabei wird jeder mit gesundem Menschenverstand bewaffnete Normalbürger aus eigener Erfahrung bestätigen, daß etwa in Zeiten fieberhafter Viruserkrankungen oder tiefer greifender Eheauseinandersetzungen diese statistischen Normalzahlen auch einmal für längere Zeit auf den Punkt Null zurückgeschraubt werden können. Wenn also jener oben aufgeführte Patient auf Befragen berichtet, noch vor ein paar Jahren habe er siebenmal in der Woche „gekonnt" (mit dieser „strammen" Leistung hat er statistisch betrachtet den virusbedingten Nullverkehr kompensiert und wird wohl selbst bei Sexualmedizinexperten je nach Betrachtungsweise Anerkennung, Erstaunen oder einen Hauch von Neid hervorrufen), nunmehr als Selbständiger mit Zehn-Stunden-Alltag käme er „nur noch an den Wochenenden dazu" – dann dürfte in diesem Fall die hausärztliche Beratung nicht allzu schwierig sein, und in eine Gesprächstherapie werden neben ärztliche auch persönliche Erfahrungswerte einfließen. Doch bei den wirklichen organischen oder seelisch bedingten Funktionsstörungen auf dem Gebiet der Sexualmedizin dürfte die Masse der Hausärzte doch wohl überfordert sein (ich jedenfalls bin es!).

Zeitbonus

Manchmal möchte ich Facharzt sein ...

Seine eigenen medizinischen Grenzen nicht zu erkennen, diese in Selbstüberschätzung zu überschreiten und aus falsch verstandenem Ehrgeiz heraus bei unklaren Krankheitsbildern am Patienten herumzutherapieren statt rechtzeitig kompetente fachärztliche Hilfe in Anspruch zu nehmen – ein solches Verhalten zählt nach meiner Berufsauffassung zur Gattung unentschuldbarer hausärztlicher Todsünden. Aus diesem Grunde halte ich in meiner Praxis die Schwelle für Überweisungen zu Fachärzten stets niedrig, wann immer ich mir in Diagnose und Therapie nicht ganz sicher bin, wenn die eigene Erfahrung für eine spezielle Therapie nicht ausreicht oder wenn der Patient eine solche Facharztüberweisung aus was für Gründen auch immer wünscht.

Doch trotz dieser flexiblen Überweisungstätigkeit meinerseits gibt es manchmal Krankheitsbilder, bei denen ich eine solche verlangte Überweisung zum Facharzt im Innern nur sehr zähneknirschend ausstelle und mir wünschte, in diesem ganz speziellen Fall einmal selbst Facharzt zu sein! Nein, nein, dies ist nicht der durch Minderwertigkeitskomplexe bedingte Stoßseufzer eines einfachen Hausarztes, der einer entgangenen Facharztkarriere nachtrauert. Nein, manchmal beneide ich meine fachärztlichen Kollegen um ihren „therapeutischen Zeitbonus“, den ihnen viele Patienten freiwillig zugestehen, mir als Hausarzt jedoch offensichtlich absprechen!

Ein Beispiel: Ein Tiefbauarbeiter mit einem „degenerativen Wirbelsäulenschaden“ kommt in die Sprechstunde. In den letzten Jahren ist es immer wieder zu heftigen, wochenlangen Rückenbeschwerden gekommen, der Patient war schon einige Male zur Kur, einige Male mußte er sogar wegen ambulant nicht beherrschbarer Schmerzen stationär behandelt werden. Nun ist es wieder einmal soweit.

Nach Ausheben eines Grabens bei naßfeuchtem Wetter ist es zu heftigen Rückenschmerzen gekommen. Nach entsprechender Therapie kann er nach einer Woche wieder aufrecht gehen, schmerzfrei schlafen und sich selbst aus- und anziehen. In Anbetracht der kurzen Therapiedauer und des erheblichen Schmerzbildes bin ich ganz zufrieden mit mir, nicht jedoch der Patient. Der Rücken tue immer noch weh, er wolle doch lieber zum Facharzt, schließlich wolle er ja auch irgendwann einmal wieder arbeiten, und die ganzen Bestrahlungen und Massagen hülfen nichts!

Ich erkläre geduldig, daß bei seiner „Wirbelsäulen-Vorgeschichte“ ein solch „akuter Hexenschuß“ nicht einfach wegzuzaubern sei, er möge doch noch etwas Geduld haben und sich an seine wochenlangen Krankheitsepisoden mit derselben Beschwerdesymptomatik erinnern – vergebens, der Facharzt muß her! Ich überweise widerstrebend.

Nach vier Wochen sehe ich den Patienten zufällig wieder, da ihn eine Bronchitis heimsucht. Bei dieser Gelegenheit frage ich nach seinem Rücken. Dieser tue ihm immer noch recht weh, in Behandlung sei er auch immer noch, ein Ende sei noch nicht abzusehen. Die von mir ursprünglich verordneten Tabletten habe der Facharzt ihm weiterverordnet, außerdem bekomme er immer noch Bestrahlungen und Massagen – bei seinem Wirbelsäulenverschleiß sei die Behandlung nun einmal langwierig, habe der Facharzt gesagt. Kein Wort der Klage, daß der Rücken nach mehreren Wochen immer noch weh tue, kein Zeichen von Ungeduld, daß er immer noch nicht wieder arbeiten könne – manchmal beneide ich meine Facharztkollegen um ihren „Facharzt-Zeitbonus".

Beispiele ähnlicher Art gibt es viele: Die chronische Rachenentzündung (nach der sechsten hausärztlich verordneten Inhalation beginnende Patientenungeduld, nach der zwölften fachärztlich verordneten jedoch die Erkenntnis, man müsse doch wohl etwas mehr Geduld haben); Mykosen und Psoriasis (nach einer Woche frustraner Salbenbehandlung durch den Hausarzt trotz aller Aufklärung das ungeduldige Überweisungsbegehren zum Facharzt, dann jedoch Quartal für Quartal die geduldige Bitte um einen Überweisungsschein zur Mitbehandlung); der „chronische Tennisellenbogen", die Depression, die Polyarthrosen, die chronisch rezidivierenden Bronchitiden. Bei einigen Patienten habe ich stets das Gefühl, als Hausarzt therapeutisch unter einem zeitlichen Erfolgszwang zu stehen, den der Facharzt als „übergeordnete letzte Instanz" gar nicht kennt.

Oder ein anderes Beispiel zum Thema „Facharzt-Zeitbonus". Trotz aller organisatorischen Bemühungen kommt es doch durch unvorhergesehene Besuchsanforderungen aus der Sprechstunde heraus oder durch Notfälle in der Praxis immer wieder einmal vor, daß ein Patient trotz Bestelltermin eine halbe, eine Stunde oder auch manchmal länger warten muß. Welch helle Empörung herrscht dann bei einigen ganz ungeduldigen Patienten! Warum sie sich denn überhaupt angemeldet hätten, wenn sie doch so lange warten müßten, als Berufstätige hätten sie ihre Zeit schließlich auch nicht gestohlen – liebliche, und den Hausarzt anspornende Sätze dieser Art dürfte jeder Kollege schon einmal zur Freude und inneren Erbauung vernommen haben. Es sind dies dann dieselben Patienten, die klaglos und ohne zu murren zwei, drei, vier oder auch mehr Stunden – womöglich auch noch nüchtern – beim Internisten auf ihre Sonographie oder Endoskopie warten oder aber einen ganzen Vormittag in der Poliklinik der Universität verbringen müssen. Heftiges Murren bei einer halben Stunde Wartezeit in der Hausarztpraxis – klagloses Verharren beim Facharzt. Der Spezialist hat eben lange Wartezeiten, dafür ist er eben Spezialist. Manchmal möchte ich auch Facharzt sein – zumindest im Hinblick auf diesen Zeitbonus!

Doch ein Gutes hat dieser fachärztliche Zeitbonus auch aus der Sicht des Hausarztes. Wenn nach voller Ausschöpfung desselben der Patient ernüchternd feststellen muß, daß sich sein chronisches Leiden – wenn überhaupt – dann eben doch nicht mehr kurzfristig bessern läßt und sein Hausarzt mit seiner ursprünglichen Prognose doch nicht so danebengelegen hat, wenn der Patient nach stundenlanger Wartezeit beim Facharzt doch nach zumutbarer kurzer Wartezeit wieder seinem Hausarzt gegenübersitzt – dann ist diese Patientenerkenntnis für das weitere Hausarzt-Patienten-Verhältnis ein durchaus bindender und das Vertrauensverhältnis eher fördernder Faktor. Deshalb betrachte ich diesen besonderen Facharztbonus eher geduldig – die Zeit und der weitere Krankheitsverlauf sprechen sehr oft für den Hausarzt.

„Ihre Frau ist dran, ihr geht's schlechter." –
„Dann soll sie den Notarzt rufen."

84jähriger starb im Krankenhaus

Jetzt redet das ganze Dorf über mich

Vor einiger Zeit kam ein vierundachtzigjähriger Patient mit seiner zweiundachtzigjährigen Ehefrau in meine Sprechstunde und erklärte anläßlich eines Routinebesuches, daß er in letzter Zeit gelegentlich morgens Durchfälle habe. Da mehrfache hemo FEC-Kontrollen auf Blut im Stuhl negativ waren, klinische Untersuchung sowie sämtliche Laborparameter ebenfalls keinen pathologischen Befund ergaben, verzichtete ich auf Grund der vorhandenen kardialen und respiratorischen Insuffizienz auf weitere röntgenologische oder endoskopische Diagnostik. Unter symptomatischer Behandlung mit einem pflanzlichen Präparat kam es nur noch gelegentlich zu Diarrhöen, die gut beherrschbar waren und den Patienten in seinem allgemeinen Wohlbefinden nicht beeinträchtigten. Doch es kann das beste Arzt-Patienten-Vertrauensverhältnis auf Dauer nicht bestehen, wenn durch äußere Einflüsse dieser Friede zerstört wird. Der „Störenfried" in diesem Fall war eine Schwiegertochter, die in irgendeiner populären Zeitschrift gelesen hatte, daß bei Diarrhöen im Alter manchmal ein Karzinom dahinterstecken könnte. Nachdem diesem Patienten durch seine Schwiegertochter lange genug eingeredet worden war, daß er auf jeden Fall darauf bestehen solle, „sein Hausarzt möge doch endlich etwas tun, ihn zu einem internistischen Spezialisten überweisen oder zum ‚Durchchecken' ins Krankenhaus schicken", war also schließlich hausärztliches Handeln unumgänglich. Und also handelte ich. Nachdem mein vierundachtzigjähriger Patient die entsprechenden diagnostischen Maßnahmen in Form von Endoskopie und Röntgen überstanden hatte, ging es ihm nach den für die Untersuchung nötigen Vorbereitungen in Form von Nahrungskarenz und Abführmaßnahmen schon gar nicht mehr so gut. Am Ende der Diagnostik stand der dringende Verdacht auf ein fraglich-tumoröses Geschehen im Querkolon – der Patient wurde zur operativen Intervention ins Krankenhaus eingewiesen. Die Operation überstand mein Patient trotz seiner kardio-respiratorischen Insuffizienz erstaunlich gut, der Tumor hatte sich als beginnendes Karzinom entpuppt, das ohne große Schwierigkeiten in toto entfernt war und auf Grund des makroskopisch unauffälligen Befundes von Leber- und Umgebungsorganen in der weiteren Zukunft keinerlei Komplikationen mehr machen sollte.

Am zehnten postoperativen Tag bekam mein Patient eine Lungenembolie und war auf der Stelle tot. Und da es in der heutigen Zeit, in der die moderne Medizin alles können soll und muß, schicksalhafte Krankheitsverläufe nicht geben darf, der Tod eines vierundachtzigjährigen Patienten schon gar nicht ohne weiteres hingenommen werden kann, eilten die Angehörigen auf der Stelle zum behandelnden Stationsarzt. Dieser war zu allem Unglück ein junger Assistenzarzt in den ersten Wochen seiner klinischen Ausbildung, der auf die Vorwürfe der Angehörigen, „wieso denn der Vater nun plötzlich tot sei, obwohl doch operationstechnisch und medizinisch alles so wunderbar bis dahin gelaufen sei", sinngemäß etwa so antwortete: „Ja, wenn der Hausarzt den Patienten vielleicht ein Vierteljahr früher eingewiesen hätte, dann wäre möglicherweise vielleicht alles ganz anders gekommen!"

Damit lag der Schwarze Peter bei mir als Hausarzt, der ich somit indirekt für den Tod des Vaters verantwortlich zeichnete. Der daraufhin angesprochene Chefarzt war ob der unbedachten Aussage seines Assistenten entsetzt (es besteht ein ausgesprochen herzlicher und kollegialer Kontakt zu dem Chefarzt des Krankenhauses), der angesprochene Assistent entschuldigte sich telefonisch ein Dutzendmal wegen seiner mißverständlich aufgefaßten Aussage den Angehörigen gegenüber – und diese wiederum verkünden in dem kleinen Dorf, in dem das alte Ehepaar wohnte, daß ohne das schuldhafte Verhalten des zögernden Hausarztes der alte Vater wohl noch immer seinen Garten versorgen würde.

Um nicht mißverstanden zu werden, ich mache dem Krankenhausassistenten wegen seiner sicherlich nicht so gemeinten, vielleicht etwas unbedachten Äußerungen überhaupt keinen Vorwurf, erinnere ich mich doch noch allzugut meiner eigenen Hilflosigkeit, als ich vor mehr als einem Jahrzehnt in das „kalte Wasser des Krankenhausalltags" geworfen wurde. Doch Tatsache für mich bleibt leider, daß durch ein paar unbedachte und nicht ausgewogene Äußerungen (oder vielleicht auch durch ein bißchen Profilierungssucht?) in dem kleinen Dorf mein Ruf als Hausarzt erheblich angekratzt ist.

Da nun aber einmal das Kapital des Hausarztes sein guter Ruf ist und man mit diesem Kapital nicht unbedacht umgehen sollte, werde ich für die Zukunft eine Wiederholung eines solchen Krankheitsverlaufes zu vermeiden suchen. In Zukunft werde ich wohl wieder die in vielen klinischen Jahren erlernten Schritte von Anamnese, Untersuchung, Diagnose und Therapie konsequent und ohne Blick auf Alter und Hintergrund des Patienten in die Praxis umsetzen. Durch diese Haltung werde ich sicher als Schulmediziner unangreifbar sein – in meinem Innern muß ich jedoch vor mir selbst zugeben, daß mit einer solchen Haltung ein Teil meiner Hausarztideale auf der Strecke bleiben würde ...

Einige Tage nach Eingang dieses Manuskriptes von Dr. Drews erreichte uns der folgende Nachtrag:
Nachdem ich Abstand gewonnen habe, der erste Zorn verraucht und ein leises Gefühl der Enttäuschung überwunden ist, werde ich in Zukunft wohl wieder genauso handeln wie in der Vergangenheit. Eines habe ich jedoch aus diesem Schlüsselerlebnis gelernt: Da das Hausarzt-Patienten-Verhältnis leider nicht in einem Vakuum existiert, sondern offensichtlich erheblichen Umwelteinflüssen unterliegt, werde ich in Zukunft bei Entscheidungen für oder gegen eine aggressive Therapie mir auf jeden Fall die „Rückendeckung" des Familienumfeldes holen. Ich hoffe, daß mir hierdurch in Zukunft solche bitteren Erfahrungen erspart bleiben ...

Die „Praxis-Perle“

Ein Schatz, den man sorgsam hüten sollte!

Wenn ich mittlerweile über siebzig Hausarztkolumnen gedanklich passieren lasse, dann muß ich zu meiner eigenen Überraschung feststellen, daß bisher ein Personenkreis in keiner Weise die Würdigung gefunden hat, die ihm aufgrund seiner herausragenden Stellung im täglichen Praxisalltag an sich zukommt.

Denn mag der Praxisinhaber auch fachlich noch so kompetent und hausärztlich noch so bemüht und engagiert sein, der Glanz, den eine Praxis nach außen ausstrahlt, und das Image, das eine Praxis in der Öffentlichkeit bietet, werden durch einen großen Teil durch sie mitbestimmt: Ich meine die Arzthelferin, ohne die wir Ärzte nichts wären und ohne die das Wirtschaftsunternehmen Hausarztpraxis mit Sicherheit nicht so recht florieren könnte.

Wenn man es im Laufe der Jahre in einem manchmal doch recht schmerzhaften Lern- und Ausleseprozeß endlich geschafft hat, ein harmonisches Team von miteinander gut auskommenden Arzthelferinnen zu schaffen, dann hat ein gütiges Geschick schon ein beträchtliches Maß an Gewogenheit und Huld auf den Praxisinhaber ausgeschüttet.

So gibt es z. B. immer wieder verwaltungstechnische Probleme, die ich in meinem Kassenarztdasein wohl nicht mehr lernen und behalten werde und die ich deshalb nur allzu bereitwillig in den Kompetenzbereich meiner Praxisperlen delegiert habe. So weiß ich bis heute nicht genau, welche prophylaktischen Impfungen nun eigentlich von welcher Kasse auf welche Art bezahlt werden, wie der entsprechende Impfstoff bezogen werden muß und nach welchen Gebührenordnungspositionen solche Impfungen abgerechnet werden können. Ein kurzer Hilferuf meinerseits über die Sprechfunkanlage – zum Glück wissen meine Arzthelferinnen so etwas.

Wenn ich bisweilen nach nunmehr auch schon etlichen Jahren als niedergelassener Arzt in jenem Formulardschungel zur Einleitung rehabilitativer Kurmaßnahmen verloren umhertapse und wieder einmal Sanatoriums-, Erholungs-, Müttergenesungs- und ambulante Badekuren durcheinandergebracht habe – meine Mitstreiterinnen befreien mich aus jenen Fallstricken der verschiedenen Rehabilitationsmaßnahmen.

Welche Einmalspritzen bei welcher Firma und zu welchen Sonderpreisen bezogen werden können, wo das EKG-Papier am billigsten ist und mit welchem Vertreter man am leichtesten Rabatte für Reflotest-Streifen aushandelt – für meine Laborfee ist dies eine Art sportlicher Wettkampf. Ich selbst wüßte nicht einmal, wie und wo ich diese notwendigen Praxisartikel überhaupt bestellen sollte. Wissen Sie z. B. ganz genau, was man nun alles über den Sprechstundenbedarf beziehen und was man aus eigener Tasche kaufen muß? Ich vergesse so etwas immer wieder, weigere mich wohl auch innerlich, mein Gehirn mit solchem medizinfremdem Ballast zu belasten. Meine Mitarbeiterinnen beherrschen dies zum Glück im Schlaf. Beispiele dieser Art, durch die ein reibungsloser Praxisablauf allein durch das Personal gewährleistet wird, könnte ich in meiner Praxis beliebig weiter aufführen. Man gewöhnt sich leider als Chef nur zu bereitwillig daran, daß alles reibungslos und problemlos funktioniert. Wie wichtig Arzthelferinnen im Praxisalltag wirklich sind, entdecke ich zu meiner eigenen Überraschung manchmal erst dann, wenn diese plötzlich durch Urlaub oder Krankheit für ein paar Tage ausfallen.

Und dann haben die Damen am Empfang auch noch eine andere wichtige Funktion im Praxisalltag, um die ich sie sehr oft wirklich nicht beneide, für die ich sie meist sogar bedaure: Sie haben oftmals eine Art Pufferfunktion zwischen verärgertem Patienten und von diesem Ärger abzuschirmendem Arzt. Dies verlangt ein gerüttelt Maß an Selbstbeherrschung. Was sich meine Arzthelferinnen am Empfang manchmal von einigen unrühmlichen Patientenausnahmen an Flapsigkeiten, Unhöflichkeiten, Flegeleien oder sogar Ungezogenheiten sagen lassen müssen, würde meine eigene Toleranzschwelle so manches Mal bei weitem überschreiten. Doch während ich als Chef den großen Vorteil habe, solche Patienten (Zitat: „Was ist das für ein Sch . . . laden hier!") auf direktem Weg aus der Praxis zu werfen, bemühen sich meine Damen zum Teil mit Engelsgeduld und gleichbleibender Freundlichkeit, die Wogen zu glätten. Auf diese Art hat sich so mancher Patient, der seinem (zugegeben manchmal sogar berechtigten) Ärger am Empfang durch lautstarkes Schimpfen Luft gemacht hat, bereits ausreichend abreagiert. Wenn er dann zu mir ins Sprechzimmer kommt, herrschen eitel Sonnenschein und ein harmonisches Arzt-Patient-Verhältnis, dem niemand anmerken würde, daß nur wenige Minuten zuvor über diesem Verhältnis drohend-dunkle Gewitterwolken gehangen haben.

Daß schließlich jene manchmal wirklich bedauernswerten Wesen auch noch die Zicken und Macken ihres Chefs über sich ergehen lassen müssen, will ich selbstkritisch und zähneknirschend auch nicht leugnen. Doch obwohl ein solches Chefverhalten natürlich vom Standpunkt einer optimalen Personalführungspsychologie eine kaum wiedergutzumachende Todsünde ist und obwohl ich natürlich rational weiß, daß man nie tadeln, sondern nur loben und positiv motivieren soll – manchmal bin ich leider nur ein Bündel Streß, das seine Personalführungspsychologie vergißt und sich schlicht ärgert. Bleibt nur zu hoffen, daß dies in anderen Praxen auch geschieht und meine Arzthelferinnen im Gespräch mit Kolleginnen aus anderen Praxen feststellen mögen, daß ich im Vergleich zu anderen Chefs nicht gar so schlecht abschneide.

Tüchtige, engagierte und freundliche Arzthelferinnen sind die wahren Juwelen in einem Schatz, den man sorgfältig hegen und hüten sollte, damit er nicht durch andere Schatzsucher (sprich: Kollegen in der Nachbarschaft) entwendet werden kann. Wie meinte doch neulich ein Patient, der sich lobend über die Freundlichkeit und Zuvorkommenheit meiner Arzthelferinnen aussprach: „Wie der Herr, so 's Gescherr!" Ach, tut solch ein Patientenausspruch gut!

Halbgötter in Weiß

Die sterben nie aus!

Es gibt eine beneidenswerte Subspezies der Gattung Arzt, die ich seit jeher mit einer Mischung aus Bewunderung, Hochachtung, Respekt und einer Spur von neidvollem Staunen betrachte, da die Medizingötter offensichtlich jeden Tag aufs neue ihr Füllhorn und ihre diagnostisch-therapeutische Gnade auf diese hippokratischen Glückskinder ausschütten. Ich meine jene Kollegen, denen (nach eigener Schilderung zumindest) die Diagnosen und Therapieerfolge ohne jede Schwierigkeit nur so zufliegen, die allem Anschein nach nie irgendwelche Zweifel an sich oder ihrem ärztlichen Handeln haben und die somit die letzten Exemplare der aus Arztromanen hinlänglich bekannten „Halbgötter in Weiß“ verkörpern.

Bereits während des Studiums zeichnen sich solche Exemplare kommender „Starärzte“ in den Vorlesungen durch gelehrige Fragen aus, die bei den Professoren ein anerkennendes Schulterklopfen, bei Mitkommilitonen Unverständnis und bei einem Durchschnittsstudenten wie mir das große Staunen auslösten, da ich meist nicht einmal den fachlichen Hintergrund solcher Fragen erahnen konnte. Später trifft man solche Kollegen dann auf Kongressen und Fortbildungsveranstaltungen wieder, wo sie in Diskussionen durch gelehrig-schwafelnde, in Fragen gekleidete nicht enden wollende Selbstdarstellungsmonologe auffallen.

Neben solchen „Auserwählten“ komme ich mir als kleiner, zwar bemühter, aber doch täglich im Praxisalltag immer wieder an die eigenen Grenzen stoßender Hausarzt ganz klein und mickerig vor. Dabei muß es wirklich ein schönes und erhabenes Gefühl sein, wenn man die Allgemeinmedizin mit Suppenkellen gelöffelt hat und somit nagend-zweifelnde Gedanken nach Feierabend nie auftauchen können, ob man nicht doch bei bestimmten unklaren Krankheitsbildern des abgelaufenen Sprechstundentages mit der eigenen Verdachtsdiagnose und daraus resultierendem probatorisch-tastendem Therapieversuch völlig danebengelegen hat. Wenn ich dann zudem den eigenen Alltagsärger mit Patienten vor meinem Auge Revue passieren lasse, dann muß es schon ein schönes Gefühl sein, auf Grund eigener Tüchtigkeit und Unfehlbarkeit von rundum zufriedenen und geheilten Patienten umgeben zu sein.

Von solch einem Idealzustand bin ich leider weit entfernt! Ich muß zu meiner eigenen Schande gestehen, daß ich sehr oft nach Sprechstundenende bei bestimmten „Problemfällen“ mit diversen Lehrbüchern auf dem Schreibtisch über differentialdiagnostischen Erwägungen brüte. Probleme dieser Art sind den oben geschilderten Kollegen offenbar gänzlich unbekannt, zumindest wenn man ihren Erzählungen Glauben schenken darf. Dabei habe ich sehr oft die erstaunliche Feststellung gemacht, daß bei genauerem fachlichem Nachbohren meinerseits die Schere zwischen meinem persönlichen Eindruck von der Tüchtigkeit dieser Kollegen und deren persönlicher Selbsteinschätzung erheblich klaffen kann.

Während ich mich im Alltag mit „profanen Bagatellerkrankungen“ wie Infekten, verstauchten Gelenken oder Diätplänen herumschlagen muß, berichten solche „Starkollegen“ im Gespräch gleich reihenweise über die exotisch klingendsten Krankheitsbilder in ihrer gerade abgelaufenen Sprechstunde (wobei es laut Statistik solche „Kolibri-Diagnosen“ nur einmal pro Arztleben in einer Praxis geben dürfte und ich diese bestenfalls als kleingedruckte Fußnote in zum Examen durchgepaukten Medizinwälzern erinnere). Ja, ja, es gibt schon tolle Ärzte in unserer Zunft!

Wenn ich dann anläßlich irgendeiner Kongreßpause einmal meine Schwierigkeiten im hausärztlichen Alltag bei der Behandlung etwa chronischer Kopfschmerzen erwähne, stoße ich auf blankes Unverständnis und die nachsichtige Belehrung: „Das behandle ich schon seit Jahren mit ... (an dieser Stelle erfolgt dann die therapeutische Spezialitätenbeschreibung des erfolgverwöhnten Kollegen). Fantastische Erfolge, Herr Kollege, fantastische Erfolge! Das müssen Sie unbedingt auch einmal probieren ...!“

Wenn ich dann diesen „todsicheren“ Tip bei meinen Patienten „probiere“, habe ich merkwürdigerweise nie hundertprozentige Erfolge – ob dies an meinen Patienten, meinem Unvermögen oder an einer möglichen unkritischen Bewertung des Kollegen liegt, bleibt dahingestellt ...

Tröstlich allein ist jedoch der Gedanke, daß es manchmal auch ein Zeichen innerer Größe sein kann, sich zu seiner eigenen Unzulänglichkeit zu bekennen, und daß die Mehrheit der Kollegen wie ich im täglichen Alltag den Status des „Normalsterblichen" innehat. Dabei muß ich mit Blick auf solche „Paradebeispiele ärztlicher Kunst" offen sagen, daß meiner Ansicht nach nur derjenige ein guter Arzt sein kann, der seine Diagnose und Therapie, kurz, sein gesamtes ärztliches Handeln, immer wieder überdenkt und sich selbst gegenüber kritisch bleibt. Ich bin ferner sehr im Zweifel, ob bei den Patienten heute mit einer den Ärzten und der Medizin gegenüber eher kritischen Haltung wirklich „Halbgötter" als Ärzte gefragt sind, die stets und immer alles wissen, alles können und nie Zweifel haben. Ich glaube, daß Ehrlichkeit (auch das Eingeständnis, nicht alles zu wissen und auch einmal geirrt zu haben) heute die Basis für ein gutes und vertrauensvolles Arzt-Patienten-Verhältnis ist.

Dennoch erfüllen diese nicht aussterbenden, sondern immer wieder neu nachwachsenden „Halbgötter in Weiß" in dieser Gesellschaft eine wichtige Funktion, sorgen sie doch dafür, daß auch in zukünftigen Generationen der Stoff für Arzt-Romane und Arzt-Filme nie ausgehen wird.

Abkürzungsorgien in Arztbriefen

Veralbern mich die Klinikärzte?

Es gibt in meinem Praxisdasein ein Alltagsärgernis besonderer Art, das bei mir je nach tagesformbedingter Ausgangslage meines seelischen Stimmungsbarometers Ärger, Unmut oder auch Resignation hinterläßt. Ich meine Krankenhausberichte aus Großkliniken oder Spezialambulanzen, deren medizinischer Inhalt offensichtlich mein hausärztliches Basiswissen überfordert und deren mögliche Konsequenzen für den Patienten und dessen weitere Behandlung sich mir erst dann in etwa erschließen, wenn ich diese Berichte mit Hilfe verschiedener Medizinlexika erarbeitet habe. Es hat sich nämlich offenbar in den letzten Jahren bei einigen Spezialkliniken der aus meiner Sicht unangenehme Trend durchgesetzt, daß es wohl als Zeichen medizinischer Profilierung gilt, in einer wahren Abkürzungseuphorie zu schwelgen und diagnostische und therapeutische Verfahren in Schlagworten zusammenzufassen. Diese „Kürzel-Sucht“ scheint besonders kardiologische Kollegen erfaßt zu haben.

Da heißt es dann etwa in einem Bericht aus einer kardiologischen Spezialambulanz, da bei dem Patienten ein Zustand nach HWI (= Hinterwandinfarkt) mit instabiler AP (= Angina pectoris) bestünde, wäre in diesem Fall dringend zu einer AKG (= Angiokardiographie) geraten, um den günstigen Zeitpunkt für einen möglicherweise notwendig werdenden AKB (= aortokoronaren Bypass) nicht zu versäumen. Oder da werden bei einem anderen Patienten mit bekannter LVH (= linksventrikulärer Hypertrophie) therapeutische und diagnostische Verfahren diskutiert, da ist von einer KKM (= kongestiven Kardiomyopathie) und HOKM (= hypertrophischen obstruktiven Kardiomyopathie) und von IHSS (= idiopathischer hypertrophischer Subaortenstenose) die Rede.

Um medizinische Modernität und Aktualität zu beweisen, lassen sich natürlich auch andere Fachgebiete in diesem Abkürzungsboom nicht lumpen. Es kommen neurologische Berichte über einen Patienten mit SHT zweiten Grades (= Schädelhirntrauma), was zunächst wie eine TIA (= transitorische ischämische Attacke) aussah, entpuppte sich dann doch letztlich als PRIND (= prolongierter reversibler ischämischer neurologischer Defekt) bei allgemein bekannter CVI (= cerebrovaskulärer Insuffizienz).

Zum Nachweis einer AVK (= arteriellen Verschlußkrankheit) wird eine DSA (= digitale Substraktionsangiographie) empfohlen, bei einem Kleinkind besteht möglicherweise eine MCD (= minimale cerebrale Dysfunktion), für rezidivierende Harnwegsinfekte beim Kind bietet sich ein MCU (= Miktions-Cysto-Urethrogramm) an, ein auffälliger Befund im NBKS (= Nierenbeckenkelchsystem) sollte durch eine CT weiter abgeklärt werden.

Und auch wenn mir die onkologische Spezialambulanz berichtet, daß bei meinem Patienten zur Zeit eine Polychemotherapie nach dem BACOP- oder CMFVP-Schema stattfindet, so ist dies sicherlich zu meiner Unterrichtung gut gemeint, vom Informationsgehalt jedoch gleich Null, wenn nicht gleichzeitig nähere Erläuterungen zu dieser Therapie stattfinden.

Dieser fachchinesische Abkürzungsfimmel in einigen Krankenhausberichten ist zum Teil für einen erdverbundenen Hausarzt schon recht ärgerlich, zeitaufwendig und manchmal sogar kaum verständlich, hat man nicht im Medizinalltag ständig mit solchen Abkürzungen zu tun.

Ein anderes Ärgernis in solchen Krankenhausberichten ist für mich das Laboreinheiten-Durcheinander, da von Krankenhaus zu Krankenhaus mit unterschiedlichen Laboreinheiten gearbeitet wird. Ich selbst bin mit etwa zweihundertfünfzig Kollegen an eine Laborgemeinschaft angeschlossen und an die Laboreinheiten gewöhnt, die mir von diesem Zentrallaboratorium täglich geliefert werden. So werden z. B. die Blutzuckerwerte in altvertrauten und gewöhnten mg/dl ausgedrückt, diese Einheit wird etwa auch in dem ortsansässigen Krankenhaus sowie in zwei Diabetes-Spezialkliniken am Ort angewendet. Möchte jedoch ein Patient in das ein paar Kilometer entfernte nächste Krankenhaus eingeliefert werden, so kommt er in mmol/l-Blutzuckereinheiten zurück. Ähnliches gilt für andere gängige Laborparameter, vertraute Bilirubin- und Kreatininwerte in mg/dl des örtlichen Krankenhauses werden in den benachbarten Universitätskliniken zu Laboreinheiten in µmol/l.

Wenn ich solche Krankenhausberichte verstehen und die mir mitgelieferten Labordaten aus der Nachbarstadt mit meinen eigenen Laborparametern des Patienten vergleichen möchte, so gelingt dies nur mit Hilfe von Umrechnungstabellen und mittels Taschencomputer. – Dies sind nun wirklich Tätigkeiten, die für mich an Beschäftigungstherapie grenzen und auf die ich im ohnehin zeitaufwendigen Praxisalltag gut verzichten könnte.

Wenn ich manchmal einige Krankenhausberichte über meine Patienten spätabends mit Hilfe von Lexikon und Taschencomputer „durcharbeite“, frage ich mich etwas zweifelnd, ob diese Berichte medizinische Sachverhalte aufhellen sollen oder von den Krankenhäusern als „Feierabend-Medizinquiz“ zur Testung hausärztlichen Basiswissens gedacht sind.

Kampf um Patienten

Bleibt die Kollegialität auf der Strecke?

Es gibt in der ärztlichen Berufsordnung gewisse festgeschriebene Regeln und Gesetze, die ein harmonisches Miteinander der Ärzte im Alltag gewährleisten sollen. Daneben gibt es jedoch auch noch eine Reihe von ungeschriebenen Regeln und Gesetzen, die sich unter dem Stichwort „Kollegialität und Loyalität" zusammenfassen lassen. Ich habe die große Befürchtung, daß im Zuge zunehmender Ärztedichte und des daraus resultierenden Verteilungskampfes um „Patienten-Marktanteile" jene ungeschriebenen Gesetze ärztlicher Kollgialität nach und nach abbröckeln und auf der Strecke bleiben werden.

Ein besonders unangenehmes Beispiel solcher „Verrohung interkollegialer Sitten und Gebräuche", die ich persönlich als immer wieder in hohem Maße erstaunlich, unverständlich und sehr ärgerlich empfinde, ist die als Folge zunehmender Neuniederlassung offenbar umsichgreifende Methode einer „indirekten Patientenabwerbung".

Ich habe das große und gar nicht hoch genug einzuschätzende Glück, in meiner Kleinstadt in einer Oase ungetrübter Harmonie und kollegialen Friedens zu leben, in der es Methoden von Rivalität oder versteckten Patientengunstbuhlens überhaupt nicht gibt. Dies liegt sicher weniger an dem Umstand, daß sich hier etwa besonders gut gelungene und hehre Exemplare der Spezies Arzt versammelt haben; es liegt wohl vielmehr an dem glücklichen Umstand, daß die alteingesessenen Praxen nach Ausscheiden der Inhaber an junge Kollegen wie mich übergeben wurden und in den letzten sieben Jahren keinerlei Neuniederlassung mehr stattfand, die dieses harmonische, aber sensible Gleichgewicht von alteingesessenen Praxen hätte stören können. Doch auch solche harmonischen Oasen von niedergelassenen Kollegen können die unangenehme Eigenschaft haben, an der Peripherie des Friedens an die „rauhe Wüstenlandschaft" zu stoßen.

Diese stellt sich in meinem medizinischen Lebensbereich in Form von zwei angrenzenden Arzteinzugsgebieten dar, in denen in den letzten Jahren durch mehr als ein halbes Dutzend Praxisneugründungen der wirtschaftlich begründete ärztliche Verteilungskampf in vollem Umfang entbrannt ist.

Es ist ein paar Monate her, daß ich mitten in der laufenden Sprechstunde in ein zehn Kilometer entferntes Dorf, das im Grenzgebiet sich überschneidender Arzteinzugsbereiche liegt, zu einem dringenden Hausbesuch gerufen wurde. Da dieser Hausbesuch weder medizinisch noch sozial indiziert war, bat ich meinen Patienten, sich doch mittels Taxi in die Sprechstunde fahren zu lassen. Die Fahrtbescheinigung würde ich in diesem Falle ausstellen, außerdem würde er sofort behandelt werden. Der Patient lehnte dies mit dem Hinweis auf ihm daraus entstehende „Unbequemlichkeiten“ und der Bemerkung, daß er nicht daran dächte, fünf Mark aus eigener Tasche zu bezahlen, rundweg ab.

Ein paar Tage später kam der Telefonanruf eines neu niedergelassenen Kollegen aus dem Nachbargebiet, in dem ich um Zusendung eines Überweisungsscheins zur „Weiterbehandlung“ für diesen Patienten und dessen gesamte Familie gebeten wurde. Meine Frage an den Kollegen, wieso er mitten im laufenden Quartal die Behandlung eines bei einem Kollegen betreuten Patienten übernehme, obwohl doch keinerlei medizinische Notwendigkeit zur Durchführung des betreffenden Hausbesuches bestanden hätte, wurde mit der lakonischen Bemerkung beantwortet: „Aber davon leben wir schließlich doch ...“

Nun ja, so kann man es natürlich auch sehen. Beispiele ähnlicher Art etwa bei verweigertem Medikamentenwunsch oder Gefälligkeitsattesten folgten. Nun kann ich auf Patienten dieser Art von Herzen gern verzichten, allein die dahinterstehende Tendenz „kollegialer Zusammenarbeit“ scheint mir doch sehr bedenklich. Wenn ich von einem mir völlig unbekannten Patienten um einen Hausbesuch gebeten werde, ist meine erste Frage (neben Auslotung der medizinischen Notwendigkeit) stets die nach dem behandelnden Hausarzt. Nur wenn aus einer solchen Besuchsanforderung hervorgeht, daß der Patient etwa keinen Hausarzt hat, dieser durch irgendeinen Umstand verhindert ist und es sich um eine „ehrliche“ Besuchsanforderung handelt, die nicht dem Zweck dient, zwei Kollegen gegeneinander auszuspielen, führe ich solche Hausbesuche bei Patienten aus, die mir unbekannt sind. (Im Zweifelsfall natürlich immer, wobei dann bei „dubiosen“ Fällen jegliche Weiterbehandlung nach dem Notbesuch abgelehnt und der betreffende Kollege umgehend verständigt wird.) Dies entspricht meiner Auffassung von Loyalität meinen Berufskollegen gegenüber – und genauso wird dies von sämtlichen Kollegen in meiner Stadt auch gehalten.

Die zu beobachtende „Aufweichung“ solcher für mich und meine Kollegen selbstverständlichen Handlungsweise in der Nachbarschaft meines Einzugsgebietes durch neu niedergelassene Kollegen, die sich eine solche Befolgung ungeschriebener Regeln und Gesetze aus wirtschaftlichen Erwägungen wohl nicht mehr „leisten“ können oder wollen, läßt für die Zukunft düstere Perspektiven erwarten.

Wie wird sich das zur Zeit noch vorhandene harmonisch-freundschaftliche Klima in unserer „Oase“ entwickeln, wenn sich im Zuge der kommenden Ärzteschwemme ein halbes Dutzend neuer Kollegen am Ort niederlassen wird und zwangsläufig aus wirtschaftlich-existentiellen Gründen des Überlebens eine „aggressive Patientenpolitik“ treiben muß? Es steht zu befürchten, daß dann das Gefüge einer seit Jahren fest bestehenden Praxis-Stamm-Klientel ins Wanken gerät und dann der große Verlierer eines neu einsetzenden Verteilungskampfes die ärztliche Kollegialität sein kann, wie es vielerorts als abschreckendes Beispiel bereits deutlich praktiziert wird.

Trotz dieser düsteren Prognosen für die Zukunft besteht meiner Ansicht nach kein Grund zur Resignation. Sicher wird bei zunehmender Ärztedichte auch die Zahl der Patienten zunehmen, die unter voller Ausnutzung der marktwirtschaftlichen Gesetze von Angebot und Nachfrage die Ärzte gegeneinander auszuspielen suchen. Trotzdem glaube ich, daß die Mehrheit der Patienten bei **ihrem** Hausarzt auch in Zukunft Tüchtigkeit, Einsatzbereitschaft, aber auch Festigkeit bei der Durchsetzung wirtschaftlich bedingter Realitäten dieses Gesundheitssystems höher schätzen und anerkennen wird als bloße ärztliche Servilität mit Blick auf den Patienten-Krankenschein.

Bleibt nur zu hoffen, daß die zukünftige Entwicklung auf dem Niederlassungssektor mein Vertrauen in die gesunde Urteilskraft des Patienten nicht als idealistisch getünchte Träumerei eines realitätsfremden Utopisten erscheinen lassen wird.

„Zum letzten Mal, Kollege, Sie sind schon wieder auf meiner Hälfte!"

Vom Wert der Autorität

Sind Sie ein guter Chef?

Eine der mit am schwierigsten zu bewältigenden Aufgaben bei der Neuniederlassung in eigener Praxis scheint mir persönlich zu sein, urplötzlich und von einem Tag auf den anderen die ungewohnte Chefrolle in einem mittelständischen Kleinbetrieb zu übernehmen. Ist man als Krankenhausarzt vorher jahrelang im autoritären Dunstkreis von Ober- und Chefarzt mitgetrottet, so werden plötzlich in der freien Praxis neben medizinisch-verwaltungstechnisch-kassenarztrechtlichen nicht zuletzt Personalführungsqualitäten verlangt, auf die man im Rahmen der bisherigen medizinischen Ausbildung absolut nicht vorbereitet wurde.

Nun gibt es sicher die Möglichkeit, sich auf diese neue Aufgabe im Rahmen von Seminaren vorzubereiten oder die umfangreiche Literatur zu durchforsten. Nur – wenn man all die vielen klugen Ratschläge, Tips und Anweisungen, wie man ein guter Chef wird, im Praxisalltag befolgen will, wird man hauptberuflich Chef sein müssen und für den Patienten kaum noch Zeit haben. Also ist man gezwungen, im Rahmen von Improvisation und Benutzung des gesunden Menschenverstandes in einem manchmal auch schmerzhaften Lernprozeß seinen eigenen Führungsstil zu entwickeln.

Als ich mich vor ein paar Jahren als praktischer Arzt niederließ, war ich wild entschlossen, einen neuen, bisher noch nie dagewesenen Chefstil zu kreieren, der meiner Wesensart entsprach und eine Mischung aus liberal-antiautoritär-demokratisch-partnerschaftlich werden sollte. Ich wollte gar nicht Chef sein, sondern vielmehr eine Art kommunikative Integrationsfigur in einem harmonisch-gleichberechtigten Praxisteam. Als Krönung meiner jugendlich rosaroten Führungspläne schwebte mir eine Umsatzbeteiligung meiner Arzthelferinnen vor. Doch zwischen Theorie und Praxisalltag klaffen Welten!

Meine idealistisch verbrämte Hoffnung, die Praxisdamen würden mir diesen neuen Führungsstil mit erhöhtem Engagement und Arbeitseinsatz danken, erwies sich sehr bald als ein grober Irrtum. Die fünf Arzthelferinnen meiner Praxis waren nicht das erträumte homogene Team, sondern fünf individuelle, verschiedenen Generationen und sozialen Schichten angehörende Einzelwesen mit allen menschlichen Launen, Zicken und Eifersüchteleien, die sich nun durch meinen locker-antiautoritären Führungsstil frei entfalten konnten. Nach sechs Wochen mußte ich ernüchtert feststellen, daß mein „Team“ statt mit der Alltagsarbeit mit Kompetenzgerangel und Diadochenscharmützeln beschäftigt war. Mein lockerer idealistischer Führungsstil wurde offensichtlich als Führungsschwäche mißdeutet (vielleicht war sie das auch!).

Ich werde nie jenen denkwürdigen Montag vergessen, an dem ich vor der Sprechstunde meine Damen zu einem Gespräch bat. Dieses kommunikative Gespräch bestand im wesentlichen aus einem lautstarken Solo meinerseits, nach dessen Beendigung meine Arzthelferinnen gesenkten Hauptes von dannen schlichen!

Seit dieser Zeit ist mein Personalführungsstil leistungs- und umsatzorientiert. Grün-alternative Kollegen mögen mir vorwerfen, daß mein Chefstil „kapitalistisch-autoritär“ sei, diesem Vorwurf kann ich nur mit einem nachdrücklichen „So ist es!“ begegnen. Doch seit dieser Zeit läuft mein „Wirtschaftsunternehmen“ reibungslos, meine Praxisdamen sind ein harmonisches Team, das weder ausgebeutet noch unterdrückt wirkt. Jede Arzthelferin hat ihren eigenen Arbeits- und Verantwortungsbereich, für den sie verantwortlich zeichnet. So hat es jede Angestellte selbst in der Hand, durch eigene Leistung „Streicheleinheiten“ oder „Liebesentzug“ zu erwirtschaften.

Dabei ist es an sich eine betrübliche Erkenntnis, daß allzuviel „Führungsliberalität“ den Schlendrian fördert, daß die Delegierung von Verantwortlichkeiten auf mehrere Personen nach dem Motto verwaltet wird: es wird schon irgend jemand das erledigen, wozu ich im Augenblick wenig Neigung verspüre! Das Vertrauen eines Chefs in Engagement und Arbeitseifer seiner Angestellten scheint nur dann voll erfüllt zu werden, wenn dahinter das Wissen um regelmäßige Kontrollen steckt. Und auch die freundliche Aufforderung an Arzthelferinnen, „doch gelegentlich einmal den Wust neueingegangener Medikamente zu durchforsten“, scheint weit weniger wirksam zu sein als der ebenso freundliche, aber bestimmte Satz „Bis heute abend möchte ich bitte die Praxisapotheke auf- und eingeräumt sehen!“. Alle regelmäßigen Anweisungen, Aufträge und Alltagstätigkeiten scheinen im Laufe der Zeit gewissen Ermüdungs- und Verschleißerscheinungen zu unterliegen, die es durch von Zeit zu Zeit nötige „gewitterartige Chefauftritte“ zu stoppen gilt.

Das Geheimnis eines guten, wirtschaftlich erfolgreichen und dennoch bei seinen Angestellten leidlich wohlgelittenen Chefs scheint meiner Ansicht nach darin zu bestehen, eine gelungene und wohlausgewogene Mischung von Lob und Tadel, Partnerschaft und Autorität, „Streicheleinheit und Liebesentzug“ zu verteilen.

Eine abschließende Anmerkung zum Thema „Streicheleinheitenvergabe im Praxisalltag“ sollte jedoch nicht verschwiegen werden: es gibt eine besondere Art von „Streicheleinheiten“, die ein guter Chef tunlichst unterlassen sollte, da sie das Betriebs- und Personalklima empfindlich stören und den Ruf der Praxis untergraben können. Ich meine jene ganz spezielle Art von „Streicheleinheiten“, die man aus Gründen der Praxis- und Staatsräson ganz streng und ausschließlich auf jene Angestellte beschränken sollte, die neben ihrer Praxistätigkeit hauptberuflich als Ehefrau des Praxisinhabers fungiert!